朱介凡著

文學叢刊

白話文跟文學創作

文史哲出版社印行

國家圖書館出版品預行編目資料

白話文跟文學創作/ 朱介凡著. -- 初版. -- 臺北市：文史哲, 民 96.09
頁：公分. --（文學叢刊；190）
ISBN 978-957-549-732-3 (平裝)

1.白話文學 2.文學評論 3.寫作法

828 96016325

文學叢刊 190

白話文跟文學創作

著者：朱介凡
出版者：文史哲出版社
http://www.lapen.com.tw
登記證字號：行政院新聞局版臺業字五三三七號
發行人：彭正雄
發行所：文史哲出版社
印刷者：文史哲出版社
臺北市羅斯福路一段七十二巷四號
郵政劃撥帳號：一六一八〇一七五
電話886-2-23511028・傳真886-2-23965656
實價新臺幣三〇〇元
中華民國九十六年（2007）十月初版

ISBN 978-957-549-732-3

白話文跟文學創作 目錄

北京大學、臺灣大學歷史傳承
——胡適惠臨臺大講治學方法

大師胡適博士，民國四十年一月返國，在臺灣大學講治學方法，大禮臺容納不了這麼多莘莘學子，只得在大操場行之。祖國的孩子們，席地恭坐，傾心受教。適之先生居臺北南港，成爲聚集學術思想界自由主義者的中心，臺灣大學由於傅斯年的拓殖，傳承北京大學愛國、自由、民主精神，發揚光大，今猶波瀾闊壯。

臺灣大學提供

自由主義者，哲學、史學，
文藝評論大師胡秋原

民國四十八年，秋冬之際，訪胡秋原夫婦於景美鄉居。他是民十九年在上海狂飆思潮中，高舉自由主義者大旗，哲學、史學、文藝評論的大師。早在民二十八九年，長安、重慶，即已書信接識久矣。

長者王世杰

湖北人少有不出自王世杰門下，他任武漢大學校長多年。民十九年暑假，我應王逸岑之邀，在東廠口校區內，居留了一月。常在校門口與校長相遇。此係民國五十五年夏，臺北，壽堂、魏希文、吳若與王氏的合影。

壽堂著述不輟　老同事鄭必祿，民國八十七年三月，自臺中專程來訪　留此造像

藝品賞玩　民八十四年夏

麼些語文專家、中國美術史、藝術評論、散文大家也是畫家李霖燦教授。
民國七十九年秋，外雙溪李府
這兩年，聽說他中風了，與兒孫們住在加拿大。未幾，仙逝異域。

漢學中心當前大陸書冊

民國七十八年秋，國立中央圖書館的特藏——漢學研究中心資料室，此六樓書城，所收的另一重要部門，當前大陸現代書冊。

創立四十多年的中國語文學會

民國六十九年八月九日，中國語文學會理監事會議席上，壽堂發言，爲主席的劉眞及旁坐的毛子水，正傾聽。壽堂之側，閱讀文件者，張希文。中國語文學會創立已四十多年了，其會員大會，理監事會，一直在臺灣師範大學二樓會議室行之。

愛書人看重的純文學出版社

臺北市重慶南路三段的純文學出版社，它的特色就在這個純字上。主持人林海音，付予了不少的心力。不知激勵、撫慰了多少愛書人。民國八十年春，壽堂將赴大陸探親，作家王玉書伉儷旅美過臺北，即飛香港前往，海音特爲餞行，傻瓜照相機留下這歷史鏡頭。幾年後，這出版社便收歇了。好教士林惋惜懷念不已。（右起海音、壽堂、玉書）

民國八十八年十二月十二日，中國文藝協會，為拙著「壽堂雜憶」（民八十八年八月，臺北，文史哲出版社版。）暨無名氏的新著，舉行新書發表會。周培敬（起立者）先作引言，其右無名氏，左，壽堂，張放。張放、錢江潮，對拙著作了評介。未幾，文學盛譽的無名氏，便先逝了。他小我好幾歲。甚投契，在臺北，很有交往。

自序

這本集子，收納了六部份文字。

白話文的探討。

文學創作的一些問題。

小說寫作的論究。

傳記文學。

也略說日記寫作。

「文革」十年浩劫所形成的「傷痕文學」有那麼二十多年，關心著白話文的發展，引起許多思考。別人似乎不像我這樣，在這方面有如此長久的關心。人家只是偶而發抒點意見罷了。

如今小學中年級的孩子，寫的白話文，已很平順流暢。人們以為這是理所當然，他有語言生活的基礎，加上幼稚園說話課、小學國語教育的功能。

問題出在高中這一階段——且延續到大學。高中生的學識，與昔日科學時代士子相比，可稱得十分博雜。（未用「駁雜」者，以其廣博也）白話文寫作，他所正在承受的，主要乃是國文課，文言文與白話文教學，約爲十與一之比。當然也受到英文教學的若干影響。他如歷史、地理、公民、三民主義教學，其課本皆屬白話文的。還有課外閱讀，不管是小說、散文，或其他各科專著，新聞紙與各種雜誌，也皆屬白話文。也即是說，高中生白話文的學習，事實上並不貧弱。只因學識博雜，影響了作文的純淨，產生出白話文寫作的諸多問題：揉雜拼湊，食古不化，食「歐」不化，以及太急於顯露其自我才華、風格。

白話文的探討，除了集子中各篇已申述的意見之外，當刊印成書的此刻，無妨提出八十年來的幾篇白話文，約略談談。諺云：「文看前七行」，下舉六例皆但擷其開頭部份。

甲、胡適　建設的文學革命論

我的『建設新文學論』的唯一宗旨只有十個大字：『國語的文學，文學的國語』。我們所提倡的文學革命，只是替中國創造一種國語的文學。有了國語的文學，方才可有文學的國語。有了文學的國語，我們的國語才能算得眞正國語。國語沒有文學，便沒有生命，便沒有價值，便不能成立，便不能發達。這是我這一篇文字的大旨。

我曾仔細研究：中國這二千年何以沒有眞有價值眞有生命的『文言的文學』？我自己回答道：『這都因爲這二千年的文人所做的文學都是死的，都是用已經死了的語言文字做的。死文字決不能產出活文學。所以中國這二千年只有些死文學，只有些沒有價值的死文學』。

此文副標題「國語的文學，文學的國語」，乃是民國七年四月，發表於「新青年雜誌」，全文四節。這裏，係據臺北、國語日報「古今文選」四十七期（民國四十一年八月十一日出版）引錄。古今文選只選用胡文二、三兩節，且改以副標題爲題目。則上引者並非全文開頭。

胡氏爲現代中國白話文的開山者，他的功勞，國人永遠感念。這些初期文字，如放在他中期、晚期來寫作，遣詞造句，必然不是這般風貌，定將作一番修潤、增刪。當時他必感到詞彙不太夠應用。文章結構布局，非如後人之舉重若輕。六十年之後的今天看來，這篇文字多少有點兒生澀。斷句要小作修改，方可使得意思凸出。

乙、張恨水　啼笑姻緣

相傳幾百年下來的北京，而今改了北平，已失去那『首善之區』四個字的尊稱。但是這裏留下許多偉大的建築，和很久的文化成績，依然值得留戀。尤其是氣候之佳，是別的都市，化錢所買不到的。這裏不像塞外那樣苦寒，也不像江南那樣苦熱；三百六十日，除了少數日子刮風刮土而外，都是晴朗的天氣，論到下雨，街道泥濘，房屋霉濕，日久不能出門一步，是南方人最苦惱的一件事。北平人遇到下雨，倒是一喜。這就因爲一二十天，遇不到一場雨，一雨之後，馬上就晴，雲淨天空，塵土不揚，滿城的空氣，格外新鮮。北平人家，和南方人是反比例：屋子儘管小，院子必定大。天井二字，是不通用的。因爲家家院子大，就到處有樹木。你在雨霽之後，到西山去向下一看舊京，樓臺宮闕，都半藏半隱，夾在綠樹叢裏，就覺得北方下雨，是可歡迎的了。

這部長篇小說，約是民國十八九年，張氏寫在北平，逐日連載上海新聞報「快活林」副刊。集印成書，成爲全國最暢銷的小說。其時，中國有聲電影剛剛萌芽，明星公司將「啼笑姻緣」改編爲六集的電影，由胡蝶主演。民國二十年秋，外景隊到北平拍攝，乃中國電影事業空前之舉。張恨水和胡蝶都紅遍全國。於此，係引自民國七十一年四月，臺北，國家書店版本。

據自序說，他當時在北平跟老舍同寓，可想見其談文論道，朝夕與共之樂。兩人小說作品，卻這般風格迥異。當時，老舍小說所見的白話文，跟張恨水這段筆墨比，可要活潑生動多了。跟老舍同輩份的小說作家，若王統照、許地山、茅盾、盧隱、張資平，以及後起的話劇作家若曹禺、袁俊、夏衍，論到作品中白話文經營之多姿彩，還少有人能與老舍相頡頏。

歷史跡象顯示，我們必是經過了整體白話文十年（民國十六年國民革命軍北伐，勝利高潮波動全國，到二十六年抗戰開始，歷史鉅變）的發展，這段國家社會多變化的時期，乃是十分重要的。國運與文風，相互激盪而有猛然的進步，有幾位先生的文章可資佐證。若：陶希聖、傅斯年、蘇雪林、謝冰瑩、胡秋原。

話扯遠了，應當回到張恨水。白話文整體的發展，有時超乎作者個人才氣的作用；但也有時此整體與個人，是相等的交互爲用。張恨水寫作生涯之不斷提升，抗戰期間他在重慶所寫的「八十一夢」，文筆就活潑爽利多了。

跟張恨水一樣，由鴛鴦蝴蝶出發，同其腳步，創作生涯也大致類似，也還有好幾位男女小說作家，可資我們研究比證。

白話文的洪流，乃因此而波瀾闊壯，且常常保持這種狀態。白話文並非全是我手寫我口，但其語文合一的道路，卻是不容質疑的。

丙、方東美　抗敵無畏論

——勝負之徵，精神先見（六韜：兵徵篇）

假使現在地層底下忽起一種激變，迸出極熱的火力，衝破地殼，竟把義大利維蘇浮火山的狂燄重新燃灼，焚毀一切街衢房屋，我們內心縱然惋惜，口中不妨說，這是自然現象，只好聽其自然！假使長空忽來一個怪星，本著極大的速度，逕與金星相遇，驀地將其撞得粉碎，我們內心雖覺震驚，口中不妨說，這是宇宙災異，惟有任其自然！假使火星上面的怪人具有異能奇技，忽惡作祟，送來一幅「死光」，直把人類毀滅一半，我們內心極感畏懼，口中不妨說，這眞不幸，且待我們從容研究，徐圖應付！再假使，諸位同胞，不要再假使了！現在東方倭寇已作大量軍事動員，拿著兇猛的武器侵略過來，蹂躪我們的山河，殘殺我們的同類。我們的領土日蹙千里，國將不國了；我們的同胞月死千萬，生無以生了。我們對於這種空前的國難究竟應存甚麼根本態度？捫心歎息，聽其自然嗎？不成！撫心忍痛，任其自然嗎？不對！平心靜慮，企圖倖免嗎？無有是理！我們最有效的辦法是：戰戰戰！速把這慘無人道的倭寇逐出神州禹甸，收復我壯麗的河山！殺殺殺！殺退這惡貫滿盈的倭寇，永保我親愛的民族！我們圖存的大道在抗敵，抗敵的精神是無畏！目前只有一條生路，全民族應站在一起，心堅如鋼，盡量發洩大無畏精神，誓與敵人作持久戰、殊死戰，以爭得最偉大極光榮的勝利。

此文，民國二十七年，刊於國立中央大學「新民族周刊」。乃係轉錄自吳福助「現代文粹」（民國七十二年四月國家書店初版）。方氏寫此，毫無意求其白話文之美，只是激於長時期我中華民族被壓迫、受欺凌的苦痛、悲憤，所作的勇壯呼號。其遣詞造句，乃前此十年國人白話文之所少有。有則是南京中央日報、天津大公報的社評。方氏此文，正如作者其人，風骨鯁鯁。因引錄開篇首段全部份。

丁、陳之藩　失根的蘭花

顧先生一家約我去費城郊區一個小的大學裏看花。汽車走了一個鐘頭的樣子，到了

> 校園；校園美得像首詩，也像幅畫，依山起伏，古樹成蔭，綠藤爬滿了一幢一幢的小樓，綠草爬滿了一片一片的坡地。除了鳥語，沒有聲音。像一個夢，一個安靜的夢。
>
> 花圃有兩片，裏面的花，種子是從中國來的，一片是白色的牡丹，一片是白色的雪球，在如海的樹叢裏，閃爍著如星光的丁香，這些花全是從中國來的吧。
>
> 由於這些花，我自然而然的想起北平公園裏的花花朵朵，與這些簡直沒有兩樣，然而，我怎樣也不能把童年時的情感再回憶起來。我不知爲甚麼，總覺得這些花不該出現在這裏。它們的背景應該是來今雨軒，應該是諧趣園，應該是故宮的石階，或亭閣的柵欄。因爲背景變了，花的顏色也褪了，人的情感也落了。淚，不知爲甚麼流下來。

這篇小品文，作者民國四十四年五月寫於美國賓州的費城，收入他「旅美小簡」，連續刊載臺北「自由中國」半月刊，本文爲其首篇。這兒，轉錄自四十五年一月二日「古今文選」二二三期。之藩，河北霸縣人，其時三十二歲。他專攻電機，而篤好文學。引文兩小節，頗見其驅使白話文的能力，凌駕前輩，意趣洋溢。作者之才氣有關，卻也由於現代中國白話文發展的整體形勢而然。

可以這樣說：跟陳之藩同輩份的作家，以及民國四十年以後，社會上不少的人們寫白話文，其驅使語言與文字，已能達到隨心所欲的地步，而不是謝冰心、葉紹鈞那時期的光景。但檢視五四初期作品，即可強烈的體認得到。本書首篇「談白話文」，即是這種背景下寫出來的。

戊、管設 窄巷裡的人

搭錯公車，下錯站，閃進一截陌生而孤零的窄巷時，控制失靈導致潮湧般的感觸襲過來，黑暗裡終究哭了。沒有路燈反而好，千載難逢一個純粹掩飾心靈懦弱、顏面凌亂的夏夜。沒有風，沒有風，暗裡有什麼東西在問怎麼沒有風。這樣子賴皮且率性地靠著牆壁，抱著腦袋，自私地、盡情地哭，哪還能感覺出一股隱形的晚風呢？時候是不對，沒有人有權利在晚餐的時刻裡，拚命去翻找流淚的藉口的。何況年齡也不對，性別也反了。爲什麼會在這個城市的角落裡哭泣？有人在剛剛你走過的大馬路上豎起耳朵來，懷疑你那沒有走出窄巷盡頭的腳步聲是給暗算了。你從人堆裡「幸運地」誤闖進一小截安身立命於喧嘩之外的巷道，你這才發覺再不放聲一哭簡直對不起情境。孤寂的感覺、競爭的餘悸、未來的茫然、昨日的滄桑，只要避免其中任何一種脆弱的情緒，難保不會稍稍好過些。壓抑，是的，總歸就是因爲懂得壓抑、懂得跟別人一樣拿可看的給人看，所以，一旦遠離了人群，從霓虹君臨的人流大路上閃進幽黯而見星月的窄巷，你沒辦法不讓那些受夠委屈的、「見不得人的」、眞的的感情回到眞的的你身上。好奇妙，黑暗之中反而存在一種比太陽光還亮的光，把心靈最底層的怯弱暴露殆盡。這道無形的閃光爲什麼還在一處窄窄、暗暗的空間裡破層層烏雲而出？是因爲你生存的空間裡有太多的眼睛、太多的嘴巴、太多的用心？還是你根本忘了，到頭來，只有你對自己的感覺才是眞的?!

見於民國七十四年八月四日，臺北、中國時報「人間」副刊所載。全文約千字，編者特爲「短歌」的標示。喻說與諷刺。多形容語的長句，讀來好彆扭。這四十多年，文壇滄桑，頗有前車之鑒，凡偏於此風格的作者，終須幾經體驗，深味人生平順的義理，他自會甩棄這種「時髦」傾向，而歸於文筆健美之正常。

己、若竹　另一個家鄉

小時候常做一個夢，夢裡有一座又一座小小的山坡，有一大片一大片的樹林，一大片一大片的草坪，藍藍的天空，不是很寬，卻整潔平坦的鄉林馬路，十分安靜，我總是獨自騎著一輛自行車在其中穿梭，沒有陌生感，也不曾感到恐懼，一切像是那麼親切又自在，相同的夢境在十二、三歲的時候不斷的反覆出現，不由得好奇和不解，於是向母親詢問，並儘量描述夢裡的一景一物，幼小的心靈裡總以爲那一定是父母親的故鄉。小時候，母親常常哼唱一首「歸故鄉」的民謠，那樣沈甸甸的鄉愁，他們的子女也感染了那一份濃濃的思鄉情節，總有一天吧！我們都會回到故鄉，回去看一看父母的家園，對了！一定是那樣的，一定是父母親生長的地方，那一大片美麗的山川，而母親卻否定了我的假想，她告訴我，她的故鄉不是那樣的，她說：也許，也許許多年以後，那會是我的另一個家鄉，小小的年紀，實在無法理解人世間繁雜難料的際遇，但是母親滿足了我的好奇心，也豐富了我童稚的想像空間，稍長以後，那樣的夢卻不再出現，慢慢地也就淡忘了。

此文，見於民國八十三年元月二十一日，臺北、聯合報副刊。比之戊例所示，辭句顯然平順多了。可以看出白話文這十年來發展的進程，究爲如何。沒有太過於使用長句。問題出在標點上。一大段文字，只用了兩個句號。逗點使用得太多太多了。如果按這樣標點的語氣朗誦起來，準教人喘不過氣來。如果改用十個句號，是否使文章的層次，加深了許多呢？或許，作者硬要這樣，來凸出他文章的風格。

這六個例證，儘管文章體裁各不一樣，作者學養、性格，也存在好大差異，但其爲現代中國白話文的取樣，極可舉一反三。

在這兒，還想籠括敘說敘說關乎文學創作，尤其是小說寫作的意見。

有創作興致的朋友，目今皆熱中於寫小說。讀者、作者、出版者，一體喜愛長篇鉅製。這傾向之關聯於時代生活者，可以各有其說。在林林總總的文壇上，這是一部習作嗎？還是很夠水準的作品？作者有如雞婆抱蛋，太熱愛自醉了，他自己難以分辨清楚，總得期待批評家判定。諺云：「文章齊頸，要人提醒。」這四十多年來，好多作品給我以喜悅，以感奮；也有部份的，讀後爲之惋惜無已。於此，豈可不有所報答，有所期望，懇切作如下的奉告。

一、人性的感動與描繪。咱們絕大多數作品，都能深深的、細緻的把握到這一點。心理刻劃，乃從之而出。

二、中國的。也許有人以爲這是孤傲的，未免閉關自守，太東方精神了……等等；其實，只要了然於中國是怎樣立國，它今天如何與世界各國共處於這個大時代，就可祛除這番誤解。試從反面事證來看，好多外國朋友，迢迢萬里而來，不是感到咱們事事物物，有的缺少了中國味道麼？

三、時代意識。何以有的作品予人以飄飄渺渺之感？又何以它不乘乎時代主流，老困滯在岸邊的洄漩裏打轉轉？題材的選取，手法的活用，固然，作者自有獨到的會心，他用不著拘泥。但如若不是偶一爲之，不是筆墨游戲，那麼，嚴肅的寫作任務，要求咱們的文筆，不好自外於時代歷史的主流。

四、品格取法乎上。人要立品，文要有格。有些花花綠綠的讀物，使人作嘔。凡稍有辨識者，莫不鄙棄之。執筆爲文，豈可自居下流，讓讀者狎玩，或是常給人家丟棄地下。

五、太多的虛構故事，太多的巧合情節，以逗引多夢想的孩子們，是要不得的。務要還他的人生眞實感，使讀者無致迷茫虛空。

六、對話並非小說寫作的主體。嘗見一些作品，幾全篇都是對話。有那非爲小說或劇本的作品，也濫用對話敘述，竟未感到筆墨的浪費。

七、作文先識字。從事創作的人，十之八九非出身國文系，在字眼的識辨上，每有必須多拜「一字師」的處所。把常用字攪混不清，大作家也所不免。寫作的人，豈可沒有幾部好字典、辭書在手邊。

八、口頭語和謠俗傳承的善於體察。但凡得到了創作三昧的人，都會注意自己鄉土社會這方面資料的調查、研究與運用，從而爲寫作素材的儲備。執筆之際，乃得左右逢源。

九、藝術手法。詩、散文、小說、戲劇，皆各有其藝術手法，不容忽視。不好把口號標語硬生生的擺上來，不好把寫論文、寫隨筆的筆致放於小說篇章。寫小說的人，固然不必全按了小說作法的規則來做。多少成名作家，都不是這樣。但太不注重手法則不可。拿烹飪術說，炒菜和熬粥的手段，大有不同。

不自外於上述這些義理，以事小說寫作。然後，咱們才可以愛怎樣寫，就怎樣寫，自由自在，獨立自主的創作，而自然順理成章。不必重視什麼流派，硬要歸於什麼類型。平平實實，活活潑潑，萬不可炫耀什麼，玩弄技巧，捨本求末。

誠意和虛心，容納所有批評。至於是否見之行事？還須得再加自己內心的權衡。這樣，寫作就日進有功。

就歷史的、藝文的，乃至社會、政治、經濟的觀點看，咱們國家應該能夠多有職業作家才是。讓他有最高所得。要讓他多有旅行、考察、體驗各樣生活的機會，以充實寫作的內涵。

對於文藝一般性的討論，我但有一個基本看法，這個大時代，我們的文藝創作，耕耘既勤，收穫亦豐，與國家政治經濟的進展正屬相等，毫無趕不上前此三十年之處。這是可以端出作品來比較的。在「創作生活的自我評價」，「這二十五年的文學創作」，「七十年來的文學」等篇裏，我再三陳述此情況。

「文藝創作的自主性」，到「談靈感」這些篇，所說的，都是文藝上大大小小的許多課題，不打算歸納整理，結構爲一篇嚴密的論文。我想，還是保持原來形式，反倒好些。

另外，須說說小小感到安慰的一樁事。

傳記文學風氣大開，作者與讀者，遍布於海內外各階層。對文學與歷史兩方面，皆有貢獻。它公開了許多人事秘密，爲一些歷史關鍵性的事件，下了有力的註腳。雖非我鼓吹有功，而切合了前此寫「讀人物傳記」的私願，總是很可喜的。還是民國五十年間，杜衡之兄住臺北市公館的時期，我常抽空於下午去看他，屢屢談及，假使有的人物傳記寫下了，而一時不使公之於世，也應先寫出來擱置著。否則，興會既已過去，這本可寫出而並未著筆的傳記，必然就此煙消雲散了。例如抗戰前夕的那三四個月，在河北曲陽城，我好想寫「劉桂堂傳」，北方通稱他爲「劉黑七」。且說衡之那時主編一份刊物，其特色之一，每期都載有當代中國人物的誌要，著墨不多，評論精審。

「國殤——兵、伕、義民忠烈錄」的寫述，頗爲意外。特別感到，在河北省的那五個年頭，各州縣地方我幾乎走遍了，軍民們所呈現中國北方男子漢的音貌性行，是壽堂此生永難忘懷的鄉土、邦家情誼。所陳述的這番意見，當獲高明共許。

短文「人的尊嚴」，確可讓咱們細加品味。

依本書編次，各篇文字曾分別發表於晨光，筆匯，新生報副刊，革命文藝，社會教育年刊，純文學，青溪，中華日報副刊，中華文藝，「新時代的文學創作方向」，文壇，文藝月刊，新文藝，航海通訊，幼獅文藝，幼獅少年。對這些報刊，謹致謝意。本世紀以來，斗換星移，這些刊物變化很大，有的既完成其歷史任務，已退隱下去；有的還在延續刊行，但都改頭換面，或是好幾番的走馬換將了。在壽堂的印象裏，則似乎都還像昨天。其實，晨光主持者吳愷玄兄，航海通訊老板鄒建中兄，都已仙逝好多年了。當然，幼獅文藝、幼獅少年，則子我們以朝霞滿天的美麗景觀。

純文學結束後，林海音之逝，彷彿還是昨天的事。

民國九十一年九月間，增寫「腥風血雨傷痕文學舉隅」八篇，心情好沉重，下筆極遲頓，短短千字，竟耗去半月時間。自十七歲開始寫作以來，孜孜不息，七十餘載，乃是從未有過的事，未知他人也有相同體驗否？不可不附記於此。

四五十年前所寫的這些文字，時過境遷，如今卻寫不出來了。

謹請大雅君子指教，無任企感。

本書之付刊，較之初編稿，已刪除了部份篇章。

民九六、八、一

談白話文

——從胡適寫的白話碑文說起

文學革命的中心人物胡適，在民國二十六年春天，爲「綏遠挺戰」（註一）陣亡將士寫了一篇白話碑文，短短五百字的光景。當時讀過，我曾有一個品評：這要算是現代中國白話文，在那時期裏的最高成就了。

一、近於口語而不純粹是口語。

二、簡潔，乾脆。

三、合於中國人的語法。

四、意境高。

五、自自然然的結構。

將近二十年之後的今天，根據這篇碑文印象的回憶，來加以分析，有以上這麼五點看法。這篇碑文，希望有人可以找得出來。

後來，那是抗戰勝利的頭一年罷，在長安鄉下，看到老「北大人」（註二）張家範兄寫的政治學，從其文筆平白流暢的贊賞上，我談到胡適之這篇碑文。好高興的，我倆保有相同觀感。而他還並非學文學的哩。

五四新文化運動三十年以來，我們一般寫白話文的人，很少有寫得合乎胡適之這篇碑文的標準；而胡適之本人的文章，在發表這碑文之後的近二十年裏，更有不斷的洗鍊。有人把這洗鍊兩個字說得好：「寫白話文，對於說話，須作一番洗鍊的工夫。洗，是洗濯的洗，就是把說話裏的一些渣滓洗去。鍊，是鍊鋼鐵的鍊，就是把說話鍊得比平常說話精粹。」

從上述五點評論，可以看得出，我們現在白話文的寫作，有那些毛病。

有一個時期，我們的白話文，是文言文的翻譯。像那大量印行的白話四書一樣，「之乎也者，的嗎哪呀」的字字直譯。這種譯法，固然叫人容易懂得原文的意思，譯文可就毫無生氣了。

這樣的道路走不通，才有人想到，白話文應當是口裏怎樣說，手裏就怎樣寫。這豈不簡單明瞭？那曉得口語並不能一字不改的寫在文章裏。況且，還不純粹是「文章口語化」，只不過多了些「他媽的，他媽的」呢。

由這一番考察，我們纔了然，白話文的標準，它近於口語而不純粹是口語。因爲口語有不合文法的，有辭不達意，要用表情、手勢、聲調來幫助表達的，又有重複、拖沓的地方。把它表現於文字，必須另有剪裁，安排。也即是說，洗鍊。

說到簡潔乾脆，這四個字看來容易體會，可是拿起筆來，誰也眼高手低。文章自己的好，勇於把自己的文章刪改得一乾二淨的人，究竟不多。那文思泉湧，下筆千言的人，好像一株活力旺盛的樹，長得枝葉密茂。固然是野趣樸樸了，但欠缺修剪，終是不大受看的。況且，修剪枝葉有助於樹木的生長。正如文章多刪繁就簡，有助於文意的明顯和文辭的適當安排。還有一個有關簡潔乾脆的事項，是語彙問題。

有多少人嘆息於白話文語彙的貧乏。事實上，假如我們注意到民間語言的探求，中國人的語彙並不貧乏。既成的，十分豐富；新創造的，也隨應者事物的發展而發展。

例如：「擤鼻涕」。這個擤字，南北語言中，都說慣聽慣了，可是我們常常寫不出這個字來。用一個同音字「醒」來代替吧，又覺得不適當，於是只好寫作「揪鼻涕」「捏鼻子」了。其實，「擤鼻涕」是既成的語彙，而且有字可記。這個字，初見於金、韓孝彥編的「四聲篇海」，是七、八百年前就有的了。

「詩、陳風」，有這麼兩句：「東門之池，可以漚麻。」其中漚麻這個詞兒，看來好像很古僻，但現在湖北口語卻是常說的。如：「打濕了的衣服，沒有給太陽晒過，嗙一陣漚麻氣。」——這個嗙字，卻是我寫別了的，相信這個詞，應有字可寫。

說到隨應著事物發展而發展的新語彙，也有一個值得注意的例。

武漢口語，一向把日本人叫東洋人。但抗戰八年，武漢淪陷時期，民間對於日本軍民的稱呼，卻用了另一個語彙：「老東」。到抗戰勝利之後，又不作興這樣稱呼了。這當然不會是無意義的變化。

寫文章的人，誰有工夫去探求民間語彙呢。除非他有意於創造「文學的語言」。一般人在寫作的修養上，總是閱讀時候多，聽話時候少，不知不覺偷了懶，隨筆拈來的使用著文言的詞彙，寫下不文不白的白話文。這種文章也許不拖拖沓沓，卻並不是白話文的簡潔乾脆。

歐化的語體文，那是從五四直到抗戰二十多年裏，最時髦的文體。舉一個例，像徐志摩那「巴黎的鱗爪」：「我在巴黎時常去看一個朋友他是一個畫家，住在一條老閭著魚腥的小街底頭一所老屋子的頂上一個A字式的尖閣裏。」這句法，讀不順口，看不順眼，寫不順手，自然漸漸歸入淘汰。一再嘗試的結果，大家都了然，寫白話文的原則之一，是要求合於中國人的語法。於是，連西洋文字的譯文，也漸漸擺順了。這是一個好現象。

我們現在一般寫白話文的人，都是平平實實，順著思想表現的正常法式與乎宋元以來白話文發展的正常趨向，文隨勢移，自然適應，不用彆扭自己語言上的習慣，寫出那些不合中國語法的文筆。托爾斯太說得好：「世界上的傑作，決不是用特別的語法，而是用普通民衆日常講的言語寫成的。」紅樓、水滸，是其顯例。

再次，談意境。

有人以爲，白話文是要說什麼就寫出什麼，不必也不可能有什麼含蓄，而文言文不是這樣，文言文是有意境的。其實，除了商業記帳的文字之外，無論那文章的古、今、文、白，必定有一個意境在的。不過是各有高下之別罷了。

一般人寫的白話文，何以難得見出意境呢？這並非由於文筆低下，思想貧乏，或生活經驗不夠，而是由於作者沒有把自己的眞性情體貼入文章之內的緣故。不高明的譯文和高中學生的白話文，最易犯上這種毛病。翻譯總是跟了原文走，要不把眞性情體貼進去，其譯文必然沒有生命，那裏還談得上意境呢。高中學生，知識、經驗都相當充份了，寫起文章來，自然喜歡搬弄，就不免缺乏誠懇，因而常常寫出的文章，不如他當小學生時代，一片天眞。

意境似在文章之外，實在文章之內。作者不自覺的在文章裏孕育著一番天地，引起讀者的意念來，使於有意無意之間，欣然的領味到，如王維「詩中有畫，畫中有詩」就是。所以，古古板板的文章，堆砌成篇的文章，言不由衷的文章，都不會有好意境。

說到結構，我不曉得自己這點意見對不對。這意見，前幾年裏，我還不敢自以爲是，最近看到梁容若先生的論斷（註三），總算有了共信了。

從前的八股文，固然害死了人，它那起承轉合的章法，卻定下了做文章的一個架式。現在的白話文，就不然了。全無縛束，讓我們自由自在的，要怎樣寫法，就怎樣寫法。沒有一定結構，不講文章氣勢；隨人個性而異，隨人寫作時的筆觸而異，可以叫做浪漫派的形式。散漫稀鬆，陰陽怪氣，喜笑怒罵，皆成文章。

所以，我說胡適這篇碑文，有其自自然然的結構。

還有一點意思，必須一說。

胡適的白話文，始終是很正宗的。一直是純淨進化的形態，沒有一絲偏斜傾向的發展。像是刻意求文章形式美化，達於太技巧經營的地步。從前有個時候，很有些作家，寫的白話文自成一格。這種自成一格的白話文，當作美文來欣賞，是有它的妙處在；但如當作白話文的一般標準來看，就不敢恭維了。

以下，大略談談現代中國白話文的發展和成熟。

我曾有一個想法，現代中國白話文的發展，假如從清末那鼓吹革命的種種小說、論著，那些白話文算起，一直到二十世紀六十年代的現在，百年之前，它是有幾個階段可分的。在這各個階段裏，它的本質、形態及應用，都有其差異的地方，這須得另行詳論。不過有一個主要的趨向，這裏可以提出，那即是：本質醇淨，形態平正，應用普遍。

其次，我想要說，現代白話文的發展，好像植物的生長過程，它必須要經歷這些階段。在每個階段裏，天才的作家固然可以一馬當先跑在前面，他卻不能太跨越了時代的限制。這好似說，當二十年前種種航空科學工業上的條件，只能容許螺旋槳的飛機日新月異的求進步，卻還不能產生噴射式的飛機。

這裏，舉一個實例吧。

抗戰勝利之初，我讀到一位老作家的長篇小說，爲其簡鍊順口的辭句，平順自然的結構，感到非常喜慰。那是他以前的作品所不曾達到的境界；而卻是在那民國三十四年時期一般後進作家也一同達到的境界。不過，後進者的筆法難及他的老到罷了。閱讀那部長篇小說的當時，我不斷的在贊嘆：這書可以不朽了，這書可以不朽了。

何以說後進的人也一同達到老作家那簡鍊平順的境界呢？那是因爲整個白話文的趨勢，已演進到了這個地步。——果子成熟了，自然容易摘取，而且好看又好吃；而老作家們當初摘的果子，是半生不熟的，所以澀口。假如我們來考察北伐前後的文藝作品，就一定得到這個結論。那時期，果子質地生澀，形色也不好看，大家卻急於要摘下來吃，酸味多，甜味少。

且說，這位老作家，在文學研究會時代，就已享有盛名，學養根抵很高，他所寫的小說、散文和文學批評，讀者無不先睹爲快。我在少年時代就不斷接觸他的作品，總有二十年的欣賞過程罷。在以前，我總只欣賞他那些信手拈來的散文小品，卻不喜歡他那些刻意爲之的小說，那怕是他千錘百鍊的精心結構呢。這道理說來簡單不過，散文小品是他眞性情的顯露；他的小說，則都是咬文嚼字，甚至爲觀念的遊戲，這樣做作出的文章，等於是玩弄讀者一樣，那裏還能平易近人？

這兒，我所要指陳的，乃是筆名叫茅盾的沈雁冰。其前後期的長篇小說，乃是「蝕」，「虹」「子夜」與那「霜葉紅似二月花」。

總之，他的散文小品，其遣詞造句，是順應那個階段白話文自然的趨勢，隨心應手寫出來的，沒有特別的匠心經營。而他的小說呢，因爲他要寫爲美文，卻沒想到弄巧成拙——太多的景物描寫，太瑣屑的個性刻劃，使得他的小說，總不能在起首三四行的文句裏，就抓住了讀者。讀他的小說，我總覺得要請國文教師來幫忙，大大刪剪一番，纔能見其韻味。一句話，他以前寫的小說，修飾過甚。還有，他因爲刻意於修飾，就有意或無意的違離了那個階段白話文演進的自然趨勢。

何謂自然趨勢？我的意思是說：文章有其時代的制限性。在某一個時代裏，總有那時代裏一些口語裏特別的語彙，作文上所用的辭句以及生活背景，事物識見，思想意識乃至社會風習，都在在影響著支配著文章內容，形式的結構。所以，雖然後人摹仿古典，要寫魏晉文章，總只能做到貌似神離；而今天一個小學生和往年的士大夫，要是寫起一篇論天體的文章，其結果，往年士大夫的文筆雖好，但在事物識見上，是趕不上今天的小學生的。

白話文的成熟，一直要孕育到今天。

這與我們整個國家社會接受西洋文明而起的變化，不斷的調節與種種苦痛的經歷；直到今天，東西文化的會合，纔到了水乳交融的地步，是一樣的。也是這位老作家刻意經營的小說，「霜葉紅似二月花」一直經過了二十年的孕育，纔寫得平順了的緣故。

在往年，除了那一馬當先的人，白話文易寫得出色之外，還不太能叫大衆齊頭並進的把白話文都寫得合乎標準，都寫得有其規格。不像今天，凡是寫白話文，只要平平實實，清清楚楚的表達，那是比三十年前容易討好得多了。但若是曲意求美，修飾過甚呢，那是會害人又害己的。就我愚笨的想法，寫白話文，高下的選擇，似乎只在這一點。

還有，白話文的寫作，關乎標點的使用，須加檢討。

有些人把驚嘆號用得太多。像是：「我的祖國呀！你眞偉大！我太愛你!!!我們大家都愛你!!!世界上再沒有一個國家比得上你！你有這麼光榮的歷史！這麼廣大的土地！這麼衆多的人民！這麼多！這麼好的豐富資源！祖國呀！祖國呀!!我無上的愛!!我無限的愛!!我永久的愛!!!」

假如一個唸文章的人，要把他的語氣、情感、意念、精神，隨著這每一個驚嘆號來加強，來提高的話，那這樣多的驚嘆號，定要刺激得他連跳直跳起來。

官廳公文，本來老早規定要使用標點符號，可是，這規定直到這幾年，大家纔習慣。卻仍不免有些公文，一篇到底，沒有句讀。或者偷懶辦法，一段文章，最後纔給它加上一個句號。而如今這種文白夾雜的公文辭句，體勢散漫，沒有章法，不講對仗，要是不加標點，閱讀的人，就不能不多費些時間去斷章尋句，常常鬧出「下雨天留客天留人不留」的笑語出來。這雖然是件小事，在加強行政效率與白話文的寫作上，卻是一件大事。

報章上，算是普遍使用標點了，讀新聞，不必要去斷句。可是，假使要一個小學生，依他上國語課的訓練方法來朗誦報上的文字，使語氣腔調都合要求，那他不是讀得上氣不接下氣，就是讀不出一個段落來。因爲排印出的新聞文字，總是點號、頓號用得太多，句號用得太少。常常是好幾百字，一路點號的點下來，點到最末一句，才不得不加上一個句號。

最不可解的，還是那廣告欄律師們代筆當事人所發表的啓事。那總是你駁我，我駁你，長篇大論，非常嚴重的文章，卻從不作興使用標點，好像是不把讀者弄得一個頭昏腦脹，就不肯罷休的樣子。要說是爲的節省廣告費嗎？卻又不是。這種啓事登載，多半是佔了報紙上最好的地位，最大的篇幅。還有一些公告或法庭判決書之類，也是如此。其實，越是這類文件，越當有正確使用標點的必要。其所以不使用標點，好像是要擺出這類文字的「尊嚴性」？道貌岸然，不可侵犯？然而，也就不堪閱讀了。我們大家都有這個習慣，不打標點的長篇大著，總是能可不讀它，就不讀它的。

註釋：

註一　民國二十五年，「華北特殊化」，日本大批增兵平津。十一月，鼓動其支持下的內蒙僞軍，由百靈廟向我進攻。國軍隨即進擊，於二十五日收復百靈廟，史稱「綏遠挺戰」。當時形勢，中國之抗戰，序幕已開，惟是西安事變隨著突然發生，把這形勢另變了一個局面。

註二　抗戰時，「論語」雜誌連載了「北大和北大人」一文，爲很多人所愛讀。自讀過這篇文章後，我喜歡用「北大人」來稱呼一些思想、文章、德行合於北大風格的北大朋友們。

註三　見梁氏民四十三年二月二十五日臺北聯合報副刊「談八股文」。

載民國四十三年三月「晨光」二卷二期

五四談文

——並述歷史進程的小小事例

一天，看到一位家庭婦女的信，思路清白，文辭平順，大大引起了喜悅。出乎意外的，就平素言行觀察，我原想她不過是粗通文墨的婦人。

這使我一連串的想起幾件同樣教人喜悅的事例。

約是民國三十九年之秋，朋友夫人寫給我妻一封信，安慰我們秋兒夭折的傷慟。以「誰說不是呢」開頭，約是千字左右，其清新暢達，給我留下極深的印象。她不過師範生，教過兩年小學，結婚之後，總有三四年不大動筆。

再說一位妹子，民國十五年出生。抗戰中，困困頓頓的讀到高中二年級。就憑這樣學力，寫起信來，文如其人，放浪無羈。這位小人兒，自成年之後，每當別後重逢，我們總必有一番海闊天空，理想飛揚的快談。怪在妹夫是學機械的，溫靜如處子，刻板如車牀。

此外，應該說說自己的妻子了。

目下，她就治醫院，臥牀三月之久。半月前，爲了要拯救昶兒少年的憂鬱、狂想、孤獨，激情的病症，在病牀上給孩子寫了一封信，其述事說理的深刻動人，遣詞造句的潔淨委婉，是我們結婚前後熱戀時期，她所有寫的情書所不及。那怕是我們的第一個女孩萍兒初生三天即已夭折，隔兩年第二個可愛的女孩秋兒出生已半歲，我帶了孩兒的照片在永定河上作戰，她自武漢寄來鼓勵征人的情書也所不及。——說到這裏，我無妨就我們國家苦難的歷史，多嘮叨幾句。

民國二十六年五月九日，我倆帶了秋兒，陪著孩子的姥姥，由河北曲陽至北平小遊，兼爲妻治婦科疾病。就住在夫婦醫生孫東衡的家裏。二十五日，我先侍隨丈母娘也是我姨媽，回曲陽，那正是中日兩國風雲緊張之際。未幾，奉到調訓廬山的命令。戀情繾綣之中，把妻催回，她帶來了東衡兄的大男孩克嘉，一個聰明好學的初中學生。纔得團聚三日，我離開她們去武漢。四十里路大車到定縣車站，班車未到。先說是長辛店出事了。再一打聽消息，蘆溝橋事變！那是中華民國二十六年七月八日的上午十點鐘罷，好一個莊嚴偉大，全中國人永生不可忘記的時刻！十日車到漢口，讀報，全國民心沸騰，士氣奮發，多少年中國人所遭受的屈辱，冤苦，要在這光榮神聖的反侵略戰爭中來解脫！老朋友初麗任團長，素有拿破崙、拜命、與托洛茨基的性型，更是悲歌慷慨，正要增援上海。我們有過興奮而微微感傷的相聚。後來他雖未戰死，卻是受傷了。

寧爲玉碎，不爲瓦全，是那時期我軍民抗戰的決心和一種勇於犧牲自身，成全國家民族正直不屈的氣節。

盧山五老峰下，更是戰志高昂，戰歌高唱。今副總統陳辭修先生爲教育長，正當精壯年紀，每日驕陽晒曝之下，幾千忠勇好男兒，蹲坐在小板凳上，聽他講述「抵禦外侮與復興民族」，不知激起我們多少熱血。我們是晒了胸膛，又晒背脊，汗水淌流，毫不感到辛苦。記得是七月二十六日，首次升旗，鄱陽湖上旭日光芒直射我美麗的國旗之上。其實，平津戰事十分吃緊。於是，每天降旗時，高唱「槍在我們的肩膀，血在我們的胸膛」的戰歌，我們總要歡送十幾位將領到前方去，部隊已經動員，他不及接受完這個戰鬥的精神訓練。那些可敬的同志，不知有多少人已爲國成仁……

敬禮那先死的同志們、弟兄們、戰友們！

其時，我最用心於欣讀蔣方震的「國防論」，尤其堅信深愛那書首獻辭：

「千言萬語，

只告訴大家一句話：

中國有辦法！」

我總以爲，這是辛亥革命以來，直到如今，中華民國經半世紀的憂患，直到不久的將來，全國人民得享富強康樂生活的境界，我們國人應有的一個信念。從歷史發展上論斷，越是困苦失敗的形勢，我們越要有此信念，艱難困苦，玉汝於成。

哲人先知，總是從極黑暗中窺見一絲光明，而後引導大衆去迎接它，擴張它。

且說，我們是從八月九日下廬山，十一日抵武漢，回家與父母弟妹團聚。聽家人說，好多朋友們，隨部隊開往前方經過武漢，多到我家辭行。老人看到這些子侄們，青春優秀，義無返顧的走向前方，雖是與平時一樣笑嘻嘻的跟他們招手作別；當其走開幾步，看到他們強壯的背影，老人是怎樣的流下熱淚呢。這些朋友，多是雲貴川湘的君子人物，四方飄泊，留居武漢或經過武漢，總必常來我家分得親情溫暖。十三日，我也滿懷悲壯心情，拜別堂上，辭了未成年的弟妹們，回北方去。兩老看了我的背影，不是更加痛感麼！當然，光榮的意念會沖淡那種悲傷。十五日，到曲陽，安頓妻兒丈母回武漢。十八日我們騎兵部隊集結出發。少年孫克嘉，跟了他軍醫處長的父親，也騎上一匹黑馬，參與了這個勇壯的行列。經定縣、安國、蠡縣，渡過豬龍河，廿二日，抵任邱的西八里村，次日移駐大茍各莊。九月一日，走十二連橋，過白洋淀，至雄縣。四日，前進白溝河鎮，是我在華北腹地所見一個最大最繁榮的市鎮，與江西某些富庶地方相彷彿。就在這地方，隨從兵吳永良自故鄉趕來，追蹤了我們部隊的行進，到了白溝河。

這些情景、感想，我都有信告知家人。妻寫給我的情書，當必有深深的體會的。

吳永良是伴送妻她們，運輸同事們四十件行李到武漢去的。他帶來妻贈給我的一個小煙盤，白毛線手套，和她吸了半截的香煙，再就是那和淚書寫的情書。

在這樣時代背景寫下的情書，其述事說理的深刻動人，遣詞造句的潔淨委婉，何以不及二十年後今天她寫給兒子的信呢？這是今天「五四談文」所要探討的問題。

再舉最後一個事例。

前不久，爲中國語文學會評審中國語文獎金，大中學生的國文成績。我最是賞識了吳明明的文字。她是初中三年級的學生，不論寫那種體裁的文章，也不管那種性質的題目，她通通有了圓活適應的寫作能力。從從容容，活活潑潑，誠誠懇懇，快快樂樂的表達出她的思想和感情。纔不過十五六歲的小年紀罷。何以得此才情？固然是她個人的學養，但也有一個白話文歷史進程的背景，從而顯示出整個文運發展的痕跡。

有人要問，爲什麼只單舉這四個女性的事例？

這問題應該交代清楚。

除了吳明明是學習作文之外，其他三人，她們都並非有意爲文，只因生活上的需要而寫起來。那是提筆就寫，少有構思，推敲，修飾的。其文字上所受到的影響，只限於其生活的實感。

我們男人，寫起白話文來，就與上舉四個事例，有其差異了。

當年胡適曾提出寫白話文的八不主義：

一、不做「言之無物」的文字。

二、不做「無病呻吟」的文章。
三、不用典。
四、不用「套語濫調」。
五、不重對偶——文須廢駢，詩須廢律。
六、不做不合文法的文字。
七、不摹作古人。
八、不避俗語俗字。

簡單的說，要自自在在，平平易易的寫白話文。

我們稍作考察，發現出一個可驚的事實。

從梁啓超體，朱執信、戴季陶文，胡適初期的白話文，以及朱自清、伍光建、郁達夫、曾虛白、林語堂，乃至我們到臺灣來所讀到傅斯年、羅家倫、陶希聖、胡秋原……諸位大手筆的文章，自自在在的境界，那是早已就讀到了；在說到平平易易上，則似乎有值得注意的地方。

不說學人文士，寫起文章來，難以脫離許多影響；就是我們一般人，今天寫起白話文來，也不免要受到一些因素不純正的影響：

尺牘用語

公文用語

報紙用語

習用成語

總之，比起女性來，我們男人寫的白話文，似乎總欠純淨。而從上舉四例看來，只要能夠超脫那些不純正的影響，我們可以說，這些年來，白話文的發展，早已跨走了一大步。

今天，一般的說，我們寫白話文，在作者的表達與對於讀者的顧及上，已能不受什麼拘束了。這是胡適初期也不易達到的境地。這件事，就國民思想力的發達上，民族性格的開闊上，實在是有其非常重大的意義，是我們前輩人勉強求之而不得的。

至於一般性的問題，前於四十三年三月，曾寫有「談白話文」，刊於晨光月刊二卷二期，就不在這裏多說了。

妻兒大病之中，匆匆的寫就此文，偏蔽必多，敬希賢達指正。但要不是看到我們的孩子已脫離險境，這兩天，我實在難有提筆的情趣。

載民國四十六年五月「革命文藝」十四期

白話文的發展

民國五十五年八月，「中國語文」十九卷第二期，謝冰瑩的專訪「林語堂先生談語文問題」，問林氏回國定居，第一項最重要的工作是什麼？林先生答說：

我的總目標是關於語文方面的。我覺得國語方面，路向要正確，不要走錯方向。說話要簡潔流利，作文章要自然清順，不要矯揉造作，拖泥帶水，嚕哩嚕囌。有時候，青年朋友問我，文章寫得好，有什麼秘訣嗎？我告訴他們，一點沒有秘訣，只要把嘴裏所說的話，移到紙上筆談，就是一篇好文章。舉一個例子來說，于斌主教的國語很流利。說國語，最要緊的是自然，寫文章更是如此。我最反對語體文歐化，句子很長，有的幾十個字，實在不好唸；中國人有中國人自己優美的語言，爲什麼要學外國人的呢？

這一段話，乃是林氏根據半世紀的時期裏，當代中國白話文的發展，所創造的輝皇業績，所發生的一些問題，而提出的主要看法。林氏業已故去，他十年前這個論斷，放在今天，仍然值得我們重視。

白話文的提倡，歷史還沒超過一百年。早在五四新文化運動以前，甲午戰爭（一八九四）前後，由於朝野人士都體認到變法維新的首要作法之一，必須刊行文字通俗的報紙，來喚醒全國老百姓，因而各地方「白話報」，風起雲湧。這樁事，特別值得教後代人注意，是咱們推行現代社會教育的前驅行動，它一直繼續到國民革命軍北伐（一九二六），方才「功成身退」。全國所有大報紙，都曉得務要以白話文爲主體。這三十年當中各地的通俗小報：「中國白話報」，「國民白話日報」，「揚子江白話報」，「無錫白話報」，「蘇州白話報」，「杭州白話報」，「寧波白話報」，「安徽白話報」，「漢口白話報」，「成都白話報」，「潮州白話報」以及天津的「竹園白話報」……更有人指出，那光緒三十一年十月初一，暗殺清廷五大臣的吳樾，他也曾在天津辦白話報，鼓吹革命。這些白話報文字的特色，全在當地的鄉土性和口語性。

方師鐸「五十年來中國國語運動史」附錄「注音通俗報紙之回顧與前瞻」說：

> 早在直隸人王照推行「官話合聲字母」以前，福建人盧戇章已在光緒十八年（一八九二），在廈門一帶，用他自造的「中國第一快切音新字」，拼切閩南口語，編印通俗書刊了。不過中國第一份「注音通俗報紙」的出現，還得推光緒三十一年王照在保定跟北平編印的「拼音官話報」。

方氏特別指出：

這一件「有關四百兆平民的大問題」（用吳稚老語），不但各種中國文化史中漏列，連戈公振的「中國報學史」裏，也沒有提到。這份最早的通俗報紙，是全部用「官話字母」拼寫的。當時翰林院編修嚴修，桐城派古文大師吳汝綸，都竭力替他吹噓。嚴修家裏，人人都通官話字母，連丫頭、老媽子、廚子、車夫，都能看「拼音官話報」，用官話字母寫信作文。此外，直隸總督袁世凱，兩江總督周馥，盛京將軍趙爾巽，都成了王照的大護法。他們先後在保定、天津、南京、奉天各地，設立大規模的簡字學堂；接著山東、山西、河南各省，也聞風景從，很快的傳遍了十三省；認識這種字母的，有好幾十萬人；而拼音官話報社出版的「拼音官話報」，也銷行到六萬多份。當時的北京「拼音官話書報社」曾出版了好多種「人人能看書」，如下舉「堂上活佛」這段字句，可充分見其純口語白話文的風格。

到了第二年，二月清明啦，家家戶戶都種地。楊福對老太太說：「母親哪，人家都種地哪，咱們也種地罷。」老太太說：「不用，咱們不種。等到四月再種，也不算遲。」楊福遵命不種，等到四月裏才種。哈哈，可巧啦！誰知道這年哪，先旱不下雨；別人的莊稼，都給旱死啦，惟獨這年楊福年景不錯，五穀豐收。

所有那三十年（一八九四——一九二六）間南北各地的白話報，其文字風格，都類似上舉的例句。那麼，何以在四十年之後，有些白話文，還讓林語堂先生深深覺得遺憾呢？

1.矯揉造作。

2.文體歐化。

3.句子很長。

這得從白話文學方面考察。根據半世紀中國當代文學的進程看來，這三種大毛病，實由於：

其一、翻譯西洋文學所受的影響。

其二、部份的作家，遣詞造句，刻意求美，發生偏差。

其三、或因誤認，以爲這樣，方顯得時髦，新潮派。

試略舉事例一二。

英、迭更司「大衛、科波菲爾」的漢譯：

「我的親愛的科波菲爾」，密考伯先生伸出手來說道，「這誠然是使懷有人類不穩固和不確定的意識的心受感動的一種會晤——簡而言之，這是一種最不平常的會晤。沿街走著，心裏想著什麼機會出現的可能性（關於這種可能性我目前很樂觀），我發現一個青年的但可寶貴的朋友出現了，這是與我生平最重大的時期有關的一位朋友；我可以說，與我一生的轉機有關的一位朋友。科波菲爾，我的親愛的伙伴，你好嗎？」

（董秋斯譯，民國三十六年六月，駱駝書店版，頁二三五）

法·羅曼羅蘭「約翰·克利斯朵夫」的漢譯：

他的力，從哪兒來的呢？……那是一個困倦的民族突然復活起來的神秘，好似山間的一條溪水對著春天突然汎濫一樣！……他將如何使用這股力？也要輪著他去闡發現代思想底迷離撲朔的叢林麼？不，他不感到這種興味。他覺得受著許多潛伏的危險威脅。它們曾經壓倒他的父親。與其再受一番經驗而回到悲劇的森林中去，他寧可一把火把它燒了。（傅雷譯，民國三十五年一月，駱駝書店版，頁二二五一）

徐志摩「我所知道的康橋」：

住慣城市的人不易知道季候的變遷。看見葉子掉，知道是秋；看見葉子綠，知道是春；天冷了，裝爐子；天熱了，拆爐子；脫下棉袍，換上夾袍；脫下夾袍，穿上單袍；不過如此罷了。天上星斗的消息，地上泥土的消息，空中風吹的消息，都不關我們的事。忙著哪，這樣那樣事情多著，誰耐煩管星星的移轉，花草的消長，風雲的變幻？同時我們抱怨我們的生活，苦痛、煩悶、拘束、枯燥，誰肯承認做人是快樂？誰不多少間詛咒人生？

這是民國十二三年間，徐氏所寫的一篇美的散文。有了此後五十年整個白話文發展的過程，上引的字句，如果讓現代的作家來改寫，必然會大有更動。尤其末了「抱怨」到「詛咒人生」這幾句，在當前中國人意識裏，難得贊同。民國四十一年五月二十六日「國語日報」的「古今文選」，節選了徐志摩這篇文章。並評論說：「他的散文晶瑩蘊藉，詞采絢爛，富於情趣。因為天才橫溢，死得又早，行文、選詞、造句，有時候不免有點生硬，不自然。」這，我隨手就可舉一小例，像他「巴黎的鱗爪」：

> 我在巴黎時常去看一個朋友他是一個畫家，住在一條老聞著魚腥的小街底頭一所老屋子的頂上一個A字式的尖閣裏。

徐氏逝於民國二十年秋，他如果多活二十年，還仍然寫美的散文，絕不會再寫出這樣長得要命的句子。可是，當前還有少數作家，其小說、散文的寫作，也誤走上前人偏失的道路，而不自覺；或是，他硬要這樣跟自己的作品過不去。

遣詞造句，刻意修飾，正如女性之濃妝艷抹，若果婢學夫人，怎能不發生矯揉造作，畫蛇添足的毛病？文藝作品，有人要求其達到中國文字音樂美的境界；或是如古代的「賦」，使呈現多種的色彩美；或是如現代電影手法似的，特別誇張某一種氣氛——成敗、苦樂、悲喜、正邪、善惡、明暗等；那麼，他取巧、或者偷懶的作法，就只好在原本明白曉暢的文句上，橫加雕琢、點綴、堆砌，形容又形容，弄得拖泥帶水，嚕哩嚕囌。此種情態，無以名之，正是文壇主流以外的歪斜傾向——「新文藝的娘娘腔」。須是如梁實秋先生初學作文時，所受教的那位國文老師一樣，痛加刪改，去其枝蔓，而後字句挺立，文章勁力自見。這裏，再舉一個小例。李瑛「路」：

這一條去小鎭的路是石子鋪成的，不平坦也不整齊，然而因了通達市集的緣故，所以還常有人往返著，常有人問道路，或嘹亮的響著市集米價的問答。在縣誌的記載裏，這道途是頗久遠了，當採石鋪路的最初，它曾有一隻離奇的故事，現今猶穿織在老人的記憶裏，爲村人增加不少淒清的談助。然而我忘了路的名字，也忘了故事同他的歷史。

此文載「文學雜誌」二卷八期，民國三十七年一月出版。這雜誌爲朱光潛主編，且兼發行人。在當時，取稿水準甚高。「路」的這一小段，共十四句，試小作分析。

1. 正是這半世紀裏，咱們常讀到的新文藝作品，不「挑眼」，看不出它有什麼毛病。

2. 有陽剛之美？還是陰柔？飄逸？樸素？都不是；它只是文縐縐的白話文，未免帶幾分酸氣。

3. 音句，本只要說「這是條去小鎭的石子路」，如果這般平白寫來，就失去原作者的風格了，它就是要顯著「扭揑」些嗎。

4. 「問道路」，口語少有這詞彙，只說「問道」。「道途」一詞，既不文，也不白。這種詞兒，放在廣播員口裏，非得更改不可。「或嘹亮的響著市集米價的問答」，這是教人看的文字，卻非說的，也非可讀的，太彆扭了。

5. 「縣誌」——「正字通」：「凡史傳記事之文曰誌」。用「誌」字，並不算錯，但

是，幾千年傳承的規格與習慣上，全國各省、州、縣的方志，都用的「志」。「周禮、春官」：「小史，掌邦國之志。外史，掌四方之志。」他之所以要寫「誌」，不也正是時下的一種流行——把「嘗」字硬要寫成「嚐」，殊不知嘗字就在「口部」；別致、雅致、風致的致，硬要錯用「緻」字。

6.「當採石鋪路的最初」，是倒裝句，有這必要麼？

7.「現今猶穿織在老人的記憶裏」，這正是新文藝修辭取喻的典型造句。

8.「淒清的談助」，是否有夾裏半生之感？

*9.*末兩句，方現得是純淨的白話文。

白話文的寫作，大致說來，有三階段：

一、意思通達。

二、明白曉暢。

三、清新雅健。

就全般情形考察，這半世紀時間的進展，中國人白話文的寫作，是令我們樂觀，可感到安慰的。如果找出五四時代，革命軍北伐時代，抗戰時代初中學生的白話文，與民國六十五年在臺灣的初中學生所作，加以比較，即可看出後者在字句、結構、修辭上的進步。再如果取抗戰時代我們最大報紙的社論，與當前臺北上十家日報、晚報任何一家的社論相比較，也可看出白話文的進步來——可以發現這後者，其下筆之際，遣詞造句，左右逢源，文章的經營，極活潑自在，都已進入清新雅健的境界。

「新文藝的娘娘腔」，究竟只是作家中極少數份子的技巧玩弄，他但稍稍省察，神思清明，必然可從岔失裏挽救自己，重新走上正路。長途跋涉的人，誰不常有這種遭遇？所以，從這半世紀白話文學創作的主流上看，文學批評家們不妨在小說、散文兩方面，各找出三五十位作家的作品，就四十年前、三十年前、二十年前乃至十年前的，與當前的創作加以比較，看他是否也並未外於宇宙人生「後來居上」的法則？要考察的項目，不外是這些作品——

取材的範圍。

寫述的主旨。

作者所站的立場。

經營的手法。

視野的擴張，思考的深度。

意識與情感的表現。

章句的創新。

按說，張秀亞本是謝冰心小一輩的「小讀者」，張秀亞的散文，早已超乎謝冰心了。要說這與個人學養有關，我們毋寧說，這實在乃是咱們中華民國整個白話文半世紀的發展，長江大河，推波助瀾的全般形勢所使然。

載民國六十五年十二月「社會教育年刊」

曾虛白的長短句

民國六十二年七月二十二、三兩天，聯合報副刊，載出曾虛白的短篇小說「紅燒肉」。篇前，有作者特寫的附識：

在再也想不到的因緣巧合安排下，我竟掌握到四十五年前手編的眞美善雜誌全部三十六期的原本。漏夜翻閱，青年期醉心文藝的熱狂湧現恍如隔昨。我寫小說，把自己像學徒般苦鞭苦練；熟讀名作、勤寫、勤改了四五年。是否訓練已經成熟還不敢下這個結論。現在現成資料在手，試選這中間自己覺得滿意些的一篇介紹給讀者，請大家給我四十多年前的努力做一次定評吧。

曾氏爲今日文壇的少數長者之一，他早已不寫小說。年輕讀者和電視、廣播的觀衆、聽衆，大家只知道他是位名政論家。

從他這段表白，可知有多少人年輕時醉心文藝——說不定因我這篇短文的激起，曾氏會再寫三幾個短篇小說罷。一者，要寫的題材，現在一定儲備得太多太多了。再者，以與「紅燒肉」那時代作品比較比較。重要的是，義理、境界、筆法、遣詞造句，必與前此大有不同。

這種不同，並非特意作爲，而是筆觸上循乎自然的結果。

他的「苦鞭苦練」，希望大家給予「定評」的虛心請益，這種態度非常可貴，凡屬正在狂熱寫作的年輕朋友，應該奉爲典範。

這兒，我只就這五六十年來，中國白話文的發展上，提一丁點小意見。

「紅燒肉」，開頭四句：

> 噗禿禿肉汁的滾沸聲和著香噴噴熱騰騰五味結成的雲霧把個斜靠在廚房門上的阿翠陶醉在一鍋紅燒肉的幻想中了。
>
> 她在廚房口等那大司務開演這齣拿手好戲已經有半點鐘了。早上看見他提著這塊肥白的鮮肉從菜市場回來，她已經幻覺到這不是一塊平凡的豬肉。

首句四十九字，可想見的，作者組合成這並非一氣呵成的長句子，很費了番工夫。第二句，二十五字。三句二十字。四句，十六字。當然，在對話的描寫上，作者並未使用長句子，他一定得按照人們說話的口氣來寫。

白話文的發展，源流久長。但就「五四」以後的情形說，起初，詩、散文、小說的寫作，頗有人喜好用長句。翻譯的文學作品，更以長句爲特色。直到民國二十年以後，經過了這一段歲月，大家從語文的說、唸、閱讀，多方面體驗，才獲得一個共通認識，文章以短句爲宜。

人的尊嚴

星期天下午，參觀了畫展回來，正爲那些藝術氣氛，美感，詩意呀，有著一番意趣，在心情上微波盪漾。換了衣服，坐下來，偶取茶桌上報紙，一眼瞄到我向來不太看的社會新聞。

又一色情站昨被「掀」了

龜頭鴇兒·已溜走

三個貨色·處拘留

【中央社臺北廿二日電】臺北市城中分局昨天深夜，在一次突擊檢查的行動中，查獲了一個色情聯絡網。

這個色情聯絡網，擁有十二個不同地區的專用電話，並且擁有十餘名應召女郎，供應各處，負責人徐金生、許桂寶在案發後逃逸。

金園旅社女服務生鄭鳳娟，爲應召站介紹客人圖利，被處拘留五天。

城中分局同時在漢中街五號一個應召站中查獲應召女郎徐阿草、黃美蘭、蔡月英等三人，均分別裁處拘留五天。

城中分局表示，突擊掃蕩色情的行動，仍將繼續不斷展開，務期斬草除根。

這條新聞：

1.標題用字很俏皮，也有譴責意味。

2.正副標題，正楷、老宋、方體字的攙雜排列，題、文的地位比例，皆見匠心。

3.「掀」，括弧得加深了這個動詞字所要形容的情態。

4.兩副標題的兩個句點，使這條新聞，增加了吸引讀者的力量。

只是，我忽地爲「貨色」二字感到一陣不快。再麼，近年凡這類新聞見報，總把當事人姓名有所保留，只登出徐××、黃××、蔡××，而此次的報導不是這樣。

說起來，這位編輯先生一點錯誤也沒有。因爲依習俗，採用流行詞彙，正是新聞編輯學的要緊作法之一。「龜頭鴇兒」既是老早傳承的語辭，「貨色」也流行好久。湖北俗語稱娼妓爲「賣貨」，斥淫蕩之人爲「騷貨」，責人自甘卑下曰「賤貨」，皆其顯例。

但如果從人的尊嚴上，體認到這些生活不幸的人們，是爲「被侮辱與損害的」——儘管她也有些人乃因慕浮華而自誤，自甘墮落，不堪救藥，似乎值不得同情；況且，口語裏本有著這種輕蔑性的詞彙，但我總覺得見諸大衆傳播的文字宣揚上，則有不宜。

前幾年，某一次，從一位將軍口裏，聽到「人的尊嚴」這個他往昔不會說到的詞彙。他還略加說明，特別強調其時代意義，認爲這是目前解決一切問題的關鍵所在。他本是典型軍人，向來在「軍令如山」、「絕對服從」的訓練裏長大，作戰時勇猛無畏，最是獨斷專行。只因應友邦邀請，到西方旅行參觀一趟，就大大改變了前此藐視部下的態度，以爲那不合「人的尊嚴」的大道理。

民五八、三、廿三

寫「民國文學史」的問題

夏日陣雨後，訪黃得時兄。他告訴我，前幾天受到邀請，幾位文學教授研討「民國文學史」寫述的問題，因爲中華民國花甲之年將屆。

其中，有一個梗阻，得時兄問我有何意見。

這六十年來，有不少知名的作者，滯留大陸未出。這些人，當抗戰前後那段歲月，其創作業績最爲輝煌。他們的作品，內容意識並不違反國家民族利益，但只因人的關係，遭到當前非常時期的取締。那麼，民國文學史上是否略而不提，或僅僅一筆帶過呢？這可以麼？我答，不可以；黃兄也大大搖頭。當代中國的文學史，海外地區不是沒有出版，人家對這方面並沒疏略過去，反而特爲強調，於是相對的削弱了對於我們當前文壇的了解與評價，未免有些不完整的論斷，以訛傳訛，將要積非成是了。

再麼，赤色大陸，這二十多年也有些作品，固然多是一個鼻孔出氣的「黨的文學」，卻也儘有被共黨斥責爲「毒草」的純正文學產品。其刊出的書，海外地區頗有流傳，而我們這裏，除了研究敵情的人可以讀到，一般人是接觸不到的。爲了省事，這方面，索性給他一個

「不承認主義」，何必提它，自找麻煩呢？我說，既然是歷史論列，當秉春秋之義，爲客觀的文藝批評，分辨其青紅皀白才是，也見咱們的胸襟。總之，這方面，應當有他歷史的一頁。何況，吳晗「海瑞罷官」，鄧拓「燕山夜話」之類反毛反共的作品，有得是呢！

有人說，中華民國這二十多年來，文學創作比之前此大陸時期，更顯得蓬勃多了。何不只就這方面爲歷史的檢視，也就夠代表的了。好像政府施政報告一樣，但論此時此地。不然，既以民國六十年文學史爲範圍，這樣「瞎子摸象」，豈不太笑話？

還有，少數流亡海外的作者，這些年，他從未回臺灣來過。依照史書不可隨便割棄歷史事實的德性，也當有所論述。否則，執筆人良心難安。

我倆談話的結論是，纂述這部書政治上的問題，可約集有關方面決策人士，加以深長的探討，種種梗阻，當可消除無餘。

咱們更認定，這部書要寫得宏富，觀照透明，有深度，不僅只是概念性的。它不必爲一家之言。這部書一出，要在當今世界上同類書本之中，爲典型之作。因此，它還要好印刷，好裝訂。若不能這樣，寧可不作。

或者，讓有些人隨便抒寫文壇回憶錄也好，小小題目的片段撰述也好，甚至有人成一家之言的「民國文學史」，通觀大體的論證也好。但如求其爲典型之作，那就萬不可疏略其事。

當然，執筆的人，對所依據的資料，當信守的體例，撰述的觀點與方法，都應虛心討教，從長計議，不是急就章可以草草了之的。而當今之世，這部書惟有在臺灣地區下筆寫，於資料採訪，問題研討，史事查詢這個方面，方可以求其全，求其肯當明通。

或有人說，就咱們國家整個文學史的全程來看，這六十年很好寫的，犖犖大端，要言不煩的提提，不也就夠了。作者成群，何必詞費？經過時間的淘汰，五十年一百年之後，你張三李四，究有幾人還在讀者心目中呢？

不過，因爲教育普及，印刷十分方便，寫作形式及時代之鉅變，使這六十年的文學創造，紛然雜陳，血淚交迸，視野遼闊，筆觸寬深，應有其超乎前代的特色。從文學史的眼光予以重視，也並非沒有道理。

還有，民國文學史不僅只是就新文藝的，也即是白話的詩、散文、小說、戲劇以及文藝理論而言；舊形式的，也即是文言的詩文，也不可遽予否定，硬說那是被淘汰了的，而輕易排斥。又，因大衆傳播事業而成特彩的報導文學，新聞評論，也應有一席地位。準此，則俗文學之品類多門，兒童文學也並不單一，就都得要論列論列了。

這本書，在後世人看來，只是一部史料。既然如此，那就要當資料未散失的此時此地，多有蒐羅，排比論述才是。

刊印民國文學史更重要的作用，是在給外國學人參考。「漢學」爲國際所重，如今愈來愈盛。不論他研究那一門學科，對當代中國文學作品的瀏覽，都有必要。哲學、心理、社會、歷史、教育、政治、經濟學的判斷，以數字統計分析爲論據，每不如從當代文學作品的描述引爲例證，來得鮮活動人。但是，外國朋友所熟知的此類書本，還停滯在三十年以前的時限。於此，民國文學史的指引，斷然不可缺少。此書一定稿，最好複寫二份，一以付排，一以交事先預定的譯者，譯爲英文、日文。中文本出版兩三個月後，譯本接著出版。這事進行不難，只要有所安排。

「民國文學史的指引」，乃是句極要緊的話。原來，目前國際上，好些外國學人對於當代中國文學的認識，流入了繁瑣考證之一途，他要仔細研究徐志摩文筆句子的構造，他要統計分析老舍口語的運用，他要指出沈從文作品中的湘西社會背景，而誤認沈氏體格纖弱，這等等牛角尖鑽研之深，大非國人所及。惜乎其昧於事象的全貌，既難以體認當代中國文學的主流趨向，也疏於注意現代思潮及中國文化傳統在我們文學創作生活上，起了些什麼影響？目前中國社會變革，與文學創作相互之間的關聯，爲如何呢？這位作者挺立於時代尖端麼？他的作品，藝術上達到了怎樣的境界呢？何所承襲？有否創新？他們彼此之間，師友交遊，相互切磋，群體的影響，又爲如何？這些些，非得有整體的考察不可。

這樁事，密鑼緊鼓的來做，最快也當是民國六十二年出書。咱們不好在民國六十年歲月未滿，就論斷盡了這六十年的事。截稿時間，總得在六十一年六月底。況且，有人在民國六十年寫好的作品，兩三年裏，還難以成書問世。

載民國五十九年八月「純文學」八卷二期

文藝創作的自主性

大約是「九一八」前後那個時期罷，我們從事文藝工作的人，很爲一些時下流行的理論所困惑。

這個主義，那個學派，雜說紛陳，教人莫知所從。有那些一定要「走在時代前面的人」，更是被理論家們牽著鼻子走。

這情形好有一比：

摩登姐兒們要穿漂亮衣裳，她那裏談得上審美的眼光？不過一種虛榮心使然，最新樣的衣服，總不能讓別人佔先穿著。是誰操縱了這情勢？時裝商人吃肥哪。現在，不是美國娘兒們也都喜歡著旗袍，以爲充分顯示其曲線美嗎？但有那種又高又硬的領，緊繃著胸脯要炸裂的窄腰身，高叉的下襬，誰說它是舒適的服裝？沒有一個女人在家裏要穿它，除非是等著要接見賓客。

又，這可不是我瞎說。儘管高貴淑女對於娼妓嗤之以鼻，但有不少地方良家婦女的衣飾裝束，卻喜歡學娼妓的樣——女爲悅己者容，中外古今，莫不皆然。

其實，穿衣服，只要自己感到舒適，覺其美觀、大方，用不著管它時樣不時樣。那麼，不論男女，在這一件日常生活的事情上頭，就不會讓別人牽著鼻子走了。

於此，試談談**文藝創作的自主性**。

創作起始於模仿。

但到了眞成爲創作的階段，那必須是完全的創作，不好再有模仿的成分。

藝術所以有神化之境。

寫作，繪畫，彫塑，演技，都是如此。

勇於接受一切的批評，贊美的，棄絕的。考量一切的意見，但不必爲一切的意見所惑——成見不可有，定見不可無。

凡是對於一個創作品，自己已盡了最大、最善、最實在、最深刻的用力而爲，良心無愧，就不必太爲他人的意見所左右。因爲立足穩當，在創作過程裏並沒有偷懶，沒有取巧，沒有作僞。

反之，沒下力氣，不夠勁兒的作品，硬要博取好評，那是於人於己，都不能達到心安理得的境界的。

這也就是我們中國人誠的哲學道理。

我們從事文藝工作的人，必須在自己所喜好的這一門，學力、技藝、經驗，以及欣賞的活動，都到達了充分自由自在表現創作意念的時際，則我們的創作活動，纔可稱之爲自主，於是，產生了風格。

每一個孜孜矻矻，勇於上進的文藝工作者，其所追求的，所尋找的，所要滿足的而又永難滿足的，就是這個文藝創作的自主性。這從我們中國獨特的書法藝術，最是可以見到。我們都摹過紅影本，寫過九宮格，學過顏柳歐蘇，臨過漢碑魏碑；但當我們中國士君子每人長成之後，他寫起字來，不管是藝術的，實用的，都在有意無意之間，必要使得自己的一筆字，表現其最高的自主性來。俗話所以常說：「字如其人」，「字是一個人的門面」。

當然，文藝創作的自主性，不能脫離時代，不可丟棄群衆，不能否定社會性，更不能抹去民族性，而一定要在這四者的適應與限定之下，才有其不斷的追求而心安理得的處所。「天馬行空」，究竟是形容的話頭，而不是藝術上的理念。

這裏，我想起北平大家閨秀的裝束打扮，爲什麼總是比之上海的時樣，要遲緩那麼兩步的情境了。

辨認，選擇，而不盲從。

還有，必使表現美的風致。

文藝創作的自主性，重在文藝工作者每個人自己的體驗、思考、嘗試、力行。以及嚴格的；不留餘情的自我批判，自我分析；還有，平平實實的自我愛重！不曾生過孩子的人，不必高論什麼做母親的道理。一句話，重在活生生血肉的——痛苦而喜悅的神志。不身歷痛苦而有喜悅，是不能在這方面有所獲得的。

題材，主旨，內容，形式，這一切的問題，只有在充分具備了文藝創作的自主性之後，纔會安排得妥貼——青山綠水，白雲悠然。

載民國四十六年六月「筆匯」第六期

創作生活的自我評價

——臺灣後備軍人第七屆北部地區文藝大會，在石門水庫依山閣，專題講演要意

民六十二年六月間

一　引言

杜詩「文章千古事，得失寸心知。」不管因怎樣目的、情境而事文藝創作，終必在作者內心，發生價值評斷的問題。作品的孕育，經營到完成，其嘔心瀝血，苦樂百結，如癡如醉，如瘋如狂的創作過程，實不下於嬰孩之自母體出生，故惟自我評價，爲最確當、深切。他人的批評，當然也十分必要，十分可貴。

諺云：「文章齊頸，要人提醒。」李白、杜甫的友情，尤其是在詩的創作與批評上，相知相重，相愛護相勉勵之深，乃世界文壇的佳話。

他最充分寫述了俄羅斯人民苦難而德行深厚的心靈。這正等於中國大陸社會目前所處狀況——也可謂之「文藝敵情」。

二 且說屠格涅夫

屠格涅夫有首散文詩，敘說一人生命垂危，臨終之際最後的一個意念：「怎麼？我就要死了麼？我還有好多事未做嗎。假如我能再活一次，我這一生必要另作番安排，一旦死亡來到，就不會有遺憾了。」

你我弟兄，大好青春時代，執干戈，衛祖國。

今日創作生活，正是行有餘力，則以學文。

我們這一生，了無遺憾。活得光彩，苦得值得。

後備軍人，以寫作自娛，表達自己人生經驗的反省和回味，以益惠於社會群體，我們精神上很滿足，隨時隨地每人都有大大欣慰的感受，君子無往而不自得也。

屠格涅夫的創作生活：

1. 俄國「黑土文學」，是由於他的作品，而得到西歐的看重。

2. 他六十五歲死於巴黎，文學生涯持續了三十年。

3. 他的作品，達到了藝術的完美。美國約翰·瑪西「世界文學史話」：「曾有人說，屠

格涅夫以外，誰也沒有寫過完全的小說——這是誇張的話，但若這意思是說他的小說大都差不多近於完美，則也是眞實的。」（據胡仲持譯本）

4.「獵人日記」，使俄國農奴制度得以廢除。

5.描寫他自己心境的「春潮」、「初戀」，充滿了詩境。

6.六大名著——「羅亭」，「貴族之家」，「前夜」，「父與子」，「煙」，「處女地」，描寫俄國十九世紀中葉知識份子生活的各方面，純客觀的表現其時代精神。

以長篇小說爲國家社會歷史的寫照，具有宏偉結構的作家，法國的巴爾札克和左拉，可爲代表。但系統嚴整，主題鮮明，無冗長之失，則仍推屠格涅夫這六大名著。

屠格涅夫的寫作企圖：藝術手法與有目標的系統寫作，正是我們所要追求的；並非誇張、自負，其實，我們創作生活的憑藉和精神財富，還有好些超乎屠格涅夫的地方。

附記

但凡論列到他的六大名著，總想起民五十年，六十年，這二十年間一位多產作家。她的長篇小說，曾經一年裏出版過六部，古今中外所罕見。且迅即上了電視連續劇，爲初中階段女生最迷愛。但孩子們升上了高中，這熱愛便消失下來。惜乎這位才氣高的作者，無有屠格涅夫的企圖。她出身書香世家。其父爲名教授，與我很熟。民七十五年間，一次座談會上，特地跟他談論這位青年作家，他極以我的論點爲然。

民九一、九、十六記

三 我們好些好些超過屠格涅夫的地方

1. 革命軍人非常生活的戰鬥經驗。

2. 中國社會生活以及往代歷史，可寫述的題材，太是發掘不盡，如善爲藝術手法的運用，皆是他六大名著所不曾接觸到的內容。試隨手舉幾例。

陸震廷「江左少年夏完淳」。

明清之際，江蘇宜興盧象昇、堵允錫之激勵忠義，勇武壯烈。（見拙著「宜興人的鄉邦歷史精神」，載「中山學術文化集刊」第一集。後收入所纂「中華諺語志」第九冊，四一五五—四一六〇頁）

吳長波「「迷途之後」（民國六十二年五月六日聯合報副刊「記憶深處」專題徵文）描述鄉土社會、兒童心性、舅甥親情，極爲生動，如譯爲英文，何讓於西方名家之作。

陸震廷、吳長波都爲後備軍人。

3. 今日悲慘大陸，百倍於帝俄農奴時代的苦難，從事文藝者，責無旁貸，要當爲這些父老兄弟姊妹來描述。詩窮而後工，正此之謂。

4.國家社會目今對文藝工作的大力鼓勵，前所未有。
5.我們每人皆年富力強，創作上大有抱負——只看如何下筆了？
6.我們的時代，比屠格涅夫（一八一八——一八八三）進步了一百年，存在有他那時代所不及見的好作品以及手法上的高明。

四 小作歷史檢討

前人寫了些什麼？

茅盾　虹、蝕（幻滅，動搖，追求）子夜、霜葉紅似二月花（這末一部小說，方見純淨的風格，我們只讀到其第一册，未知他有否寫完？）

老舍　二馬、趙子曰、老張的哲學　離婚、貓城記、小坡的生日、駱駝祥子、四世同堂

巴金　春、秋、家、群（第四部書未見出版）

沈從文　一個天才的通信、一個女劇員的生活、阿麗思中國遊記、神巫之愛、山鬼、長夏、

月下小景、邊城、湘西散記

至於北伐前後，時代激變之中，表現戰鬥生活的小說作品，由於沒有文藝和武藝結合的作爲，只得寥寥三部：

葉永蓁　小小十年

孫席珍　戰爭中

黑　炎　戰線

當年，魯迅曾特別提到「小小十年」。後兩部，則只是浮光掠影之作。可喜的是，前不久，鈕先銘兄見告，葉氏爲一退役將軍，現在臺灣。

曹禺　雷雨、日出、原野、北京人、蛻變

袁俊　萬世師表

從以上「抽樣」，可知茅盾、巴金曾有意類於屠格涅夫六大名著的計劃作爲，但他倆的創作，有失眞正中國老百姓的純正立場。

北伐諸戰役，可歌可泣的事態，當時作品竟少有觸及。謝冰瑩「從軍日記」，是難能可貴的人和事，但並未深入戰爭，比如托爾斯太「戰爭與和平」，馬雷克「西線無戰事」。

在現代中國文學史上，值得我們特別看重的事實，乃是自中央政府遷移臺灣以來，這二十多年，作家們把前人創作的缺陷，逐漸予以補足了。有如後述。

五　從中共的「渡河記」說起

民國二十六年十月，共軍自陝北渡河至晉南，部隊不到萬人，尚未與日軍接觸，其「八路軍」政治部即編刊「渡河記」，約二十萬字，居然言中有物，甚是吸引讀者。當時，國軍參戰者，一百多個師，可歌可泣的事蹟，所在皆是，除東戰線「陣中日報」（現在臺灣的張佛千兄主編），報導比較充分外，少有如他「渡河記」之極力宣導，致使我軍民抗戰忠勇事蹟，無限湮沒。見拙著「共軍之宣傳戰——文藝活動及歷史歪曲」，收入所撰「大陸文藝世界懷思」。

按理，中共入主大陸以來，以他之重視與運用文藝，大陸文藝創作，應該有其萬分的發展方是，比起從前的北京、上海、南京、武漢、重慶時代，也即是五四直到抗戰勝利，將近三十年的那段歲月。何以事實適得其反呢？作家的作品萎縮到等於零。

原因極簡單，作家失去了自由自在的生活，更失去了自主自發的創作意志。老作家，朽腐，又大受禁錮，清算鬥爭不已，不說寫，連哭都哭不出前此的作品。所謂「工農兵作家」，不過粗製濫造，「一個鼻孔出氣」而已。

六　臺灣地區文藝創作的燦爛輝皇

先要告罪的是，文藝理論、詩、戲劇未提。由於聞見未周，不免遺漏。但也必有些位作家，久未見其作品，若非在這裏敬列芳名，人們會忘懷了他。

這名單，今根據應鳳凰，鍾麗慧編「中華民國作家作品目錄」（民國七十三年六月，行政院文化建設委員會版）及中國文藝協會民國四十九年至九十四年文藝獎得獎人資料加以彙整。

民九五、四、三

蘇雪林、謝冰瑩、張深切、陳定山、陳紀瀅、王平陵、姜　貴、傅紅蓼、吳濁流、崔百城、鈕先銘、魏希文、穆中南、劉穀夫、林適存、吳魯芹、陳澄之、孫　陵、林海音、鍾梅音、艾　雯、涂翔宇、潘壽康、童世璋、王　藍、楊念慈、后希鎧、郭嗣汾、鍾雷、墨　人、彭　歌、依風露、劉心皇、王臨泰、瓊瑤、程大城、公孫嬿、柏　楊、趙滋蕃、張蘭熙、童　眞、郭良蕙、王文漪、劉　枋、王琰如、華　嚴、李芳蘭、梁實秋、徐鍾佩、羅　蘭、於梨華、聶華苓、施淑青、林太乙、三　毛、叢靜文、潘人木、蕭傳文、侯榕生、孟　瑤、張漱菡、畢　璞、繁　露、邱七七、嚴友梅、李　昂、曹又方、季　季、徐　訏、張秀亞、琦　君、心　岱、陳映眞、張曉風、楊小雲、張雪茵、趙文藝、趙淑俠、趙淑敏、劉靜娟、蕭　白、盧克彰、高　陽、章君穀、澎　湃、臧冠華、南宮搏、施翠峰、李費蒙、傅漫飛、徐蔚忱、許希哲、俞南屏、潘　壘、呼　嘯、楚軍、王逢吉、袁愛瓊、彭品光、鍾　靈、趙紀剛、王鼎鈞、蔡文甫、白先勇、廖清秀、鄒　郎、王敬義、鍾肇政、鍾鐵民、舒　暢、馮　馮、師　範、尼　洛、辛　鬱、姜穆、吳東權、田　原、朱西寧、朱天文、朱天心、謝齊天、王文興、王　璞、朱　炎、玄小佛、七等生、師　範、桑品載、張拓蕪、張系國、黃春明、楊青矗、平　路、朱夜、司馬中原、夏　楚、鄧文來、楊思諶、趙天池、邵　僩、段彩華、王書川、宣建人、符兆祥、蕭　銅、王賢忠、吳　癡、姚曉天、默　人、張　放、隱　地

七　我們要怎樣做？

一、勿低估自己軍中戰鬥生活體驗以及從事創作的人生歷程。這是億萬金錢也買不到的。更是書齋作家夢寐以求，也求不來的。

二、有目標的寫作。長程計劃，全體結構，而逐步施工，一如屠格涅夫。

三、健康生命，藝術手法，平穩情緒，三者缺一不可。詩起於沉靜中的回味。熱情泛濫，意念如狂潮，筆端就亂了。

四、勤奮用力，一下也放鬆不得，直寫到死爲止。齊如山。畢卡索。作家長白（陸軍官校薛振家教授）。

五、素材問題。

自身體驗。

社群生活。

訪問老兵——汀泗橋之役，徐州突圍，四平街之役，金門砲戰。

戰史及鄉土社會文獻。

民國四十五年，王夢鷗教授指導梁宗之、姚一葦、蕭閒、王鼎鈞、蔡文甫諸位，就歷代筆記小說資料，以現代筆法重寫，比起民國二十年前後，前人從「史記」取材所寫的歷史小說「大澤鄉」之類，意境要醇厚多了，尤其是中國味道之濃，表現得最爲可貴。這方面資料，漢魏以迄明清的筆記小說，前輩人留給我們的，眞是萬分豐富。

六、本人多年研究諺語的提供

㈠要點聯綴　例如以下幾句農家諺語，聯綴起來，對於農民生活、作業、精神狀態，就有了主要的理解，憑此推求，即足以充分描述。

莊稼老頭嗅著大糞香。

莊稼漢，三宗寶：醜妻，近地，破棉襖。

秧苗針水：莊家早起。

也興勤，也興懶，也興睡下不動彈。

鄉裏老，收了穀，不打官司就蓋屋。（參見拙著「諺語在文學上的運用」，收入「聽人勸」）

㈡比喻諺語　語言生活裏，諺語用得最多的，還是屬於比喻性質方面。我將這方面的資料，約共有三千多條，撰爲「中國諺語志論理篇」（載「中山學術文化集刊」第九、十集）在文學寫作上，極爲有用。茲略舉一二例。

1. 主體　喩說事物的主要勢力。

秤鍾雖小壓千斤。

敬羅漢八百，不如敬佛一尊。

好廚子，一把鹽。

山高遮不住太陽。
孩子死了，還吝惜這件破棉襖嗎？
2. 肯當
快是個慢，慢是個快。
打蛇打在七寸裏。
孫武子教女兵——十提九著。
白娘子報仇——不歪。
驢吃穀草——啃的都是穀（骨）節。　豫北、事之妥點、肯當處，俗謂節骨眼上。
3. 必然
瞌睡不瞌睡，總要從眼窩裏過哩。　陝西。
常割棘子，早晚刺著腳。　膠東。
七月那有閒和尚？　臺灣。此時法事多。
帽子沒有大一尺的。
只有籐繞樹，沒有樹繞籐。

八　結論

一、三年有成。

二、今日國家社會注重文化、經濟的情勢，對我們創作生活的良好適應。

三、文學創作，要在自我的完全表現。我既非施耐庵、曹雪芹、老舍、屠格涅夫、雷馬克、漢明威，我必須爲我。

四、寫作是孤獨的努力，但必以文會友。

五、漢明威、川端康成之自殺，未始非自我評價，感到虛空了。

六、身爲中國文藝工作者，當寫中國社會此時代所最值得一寫的題材，千萬勿爲外方的那些新潮派所惑。

七、文藝創作之自主性。

八、深刻思考。誠實的自我批評。殷切的求教師友，一如屠格涅夫之有畏友，批評家柏林斯基。

我爲何以屠格涅夫來論證？實緣四十年前，讀其散文詩，這一首印象最深。這位作者的書，在自己思想裏，本來塵封已久，由於思考這個專題講演，而引起這番感興，且進而有這番論證。他的寫作企圖與業績，確乎大大可供我們借鏡。

載民國六十二年六月「青溪」七十二期

揮淚悲愴讀苦書

日昨一位新生報記者所寫「天雠——充滿了血淚的書」，讀後令人異常激動，久久爲之悲愴不已。許多讀者，當與我有同感。跟一位文友討論這篇書評，他力勸我：「何不把你這二十年來的感受，述說於萬千讀者之前？」稍後，始悉此記者乃係老友彭歌兄。

談到這類書本，近二十年所給我的感受，就禁不住的思潮洶湧，情緒狂揚。這裡，只好向讀者告罪，恕我此文未能寫得條理井然了。有許多話頭，許多理道，（非「道理」之誤，特寫爲此詞彙），許多人與事，爭擁而來的齊赴筆端。

就心有餘悸的馬思聰教授來說，一想起紅衛兵的迫害，只感到這些小鬼之極端可恨；但稍爲思考思考，則又使人起萬分悲憫情懷，這些孩子們，實在也太可憐。他們究竟是我中華民族年輕的一代——我相信「天雠」這部書裡，一定呈現了不少這樣的事實：毛共的統治，對他一手導演的紅衛兵，現在都和「天雠」作者凌耿一樣年紀，剛剛二十出頭，這些佔了中國大陸總人口五分之一的青年人，他們的覺醒，對這個赤色政權來說，才是萬分萬分嚴重的後生可畏！

由「天讎」，使我想到十三年前，另一本性質相同的書。

「北平學生反共抗暴運動紀實」，唐柱國著，民國四十八年三月，雙十字出版社初版。臺北中央文物供應社、正中書局、香港友聯書報發行公司經售。

據出版者說明，唐柱國原是「北京農業大學」的學生，其時才二十二歲。方於不久前，九死一生，從大陸鐵幕逃到自由世界。為了安全，發表這部書，他只能使用筆名。

當其「脫離虎口，羈身異國地域之時，曾有外國人士，願意代他出版作品，為作者所婉拒；他不求揚名海外，不計豐富的稿酬，一定要把原稿送回自由祖國來出版，以示誓死效忠於我中華民國，與告慰在大陸國土上死難的伙伴們英靈之前。

此書，三十多萬字，如其名，以歷史春秋之筆，憑著血淚的苦痛親身經歷，並他那些男女伙伴的共同感受與理解，他十分仔細，確切的，紀錄下民國四十六年大陸上新五四的事實經過。作者是當事人，且為抗暴運動的中心領導者之一。除了自序與後紀，全書八章，標題如次：

第一章　坑害青年的大陸高等學校一般情況

第二章　國際局勢對大陸學生反共運動的新啓示

第三章　醞釀時期的五月抗暴運動

第四章　運動的爆發與經過

第五章　運動的擴大及影響

第六章　在「反右派」鬥爭的血燄中

第七章　「反右」之後中共的反動措施與敵我鬥爭

第八章　中共的殺手鐧和我們革命火花的重燃

八章合有五十二節。試舉其第四章的節目，就不難概見全書的內容。

第一節　中共的「五一」整風令製造了反共行動有利的時機

第二節　「五四」民主晚會啓燃了反共運動的聖火

第三節　「百花學社」的成立——譚天榮的三株毒草

第四節　大字報——共黨份子的「照妖鏡」

第五節　聯校大集會——林希翎女同學動人的演說

第六節　「平反」大會的召開反鬥爭共特份子

第七節　學校工人熱烈支援反共鬥爭行動

第八節　教授的怒吼——葛佩琦等反共言論

第九節　「廣場」刊物出版始末

第十節　共黨組織土崩瓦解及其外衛的叛離

第十一節　各大學實行自治呼吸自由空氣

可是，這部書卻少爲人知。假使當時唐柱國給了外國人士出版，而能有英譯本，其引人重視，當亦如「天讎」今日在歐美一樣，震驚世界。

後來，唐柱國到了臺灣。我們好些文友都與他相識。其人厚重質樸，思想敏捷，言詞肯要，筆力雄健，很有才情。對事物識辨與乎處置的能力，大大超乎了他的年紀。因而，我與孫如陵兄，總屢屢促請他，務要好好寫一部類似「雙城記」的歷史小說出來。跟他見面不多。但只要碰到了，我總首先追問這樁事。因爲，他對我倆早有了嚴肅的承諾。從事文藝創作的朋友，自然會緊緊抓住他第一優先應該下筆的題材。他好似在做研究工作，那就浪費這位老弟的才情了。半年前見過，他說，已動筆寫下了若干篇章。希望能早日問世，並迅見英譯本出來。

在此，我們應該十萬緊急呼籲：近二十年的好長篇小說作品，並非無有，極嚴格揀選，也可得十部、二十部，如果動員海內外十幾二十位譯者，一兩年內，英譯本陸續問世，也還爲時未晚。

再舉一部已爲人們所遺忘的大書。

「反共義士奮鬥史」，民國四十四年元月，反共義士奮鬥史編纂委員會主編，反共義士就業輔導處發行，十六開本，三二八頁。

蔣總統題封面，于右任題內封面，艾森豪總統一封信代序。全書十二篇，皆出之當代大手筆。

這是一部悲壯的詩史　羅家倫
光榮的悲劇第一幕　梁實秋
巨濟島漢賊不兩立　上　陳紀瀅
巨濟島漢賊不兩立　下　王平陵　穆　秦
莫瑟浦拚死爭自由　上　林海音
莫瑟浦拚死爭自由　下　謝冰瑩
最後一百二十天　徐鍾佩
四年磨練豈爲「洗腦」　邱　楠
脫離魔掌奔向自由　虞君質
回到祖國的懷抱　蘇雪林
追記七十義士　趙友培
義士的貢獻與前途　沈剛伯

各篇封頁，有許世英、莫德惠、陳含光、于右任、宗孝忱、高鴻縉、梁寒操、谷正綱、張默君、董作賓、王壯爲、賈景德的題字，郎靜山的歷史攝影集錦，賈景德、陳含光、何志浩、梁寒操、羅敦偉、李漁叔、羅卓英、鄭曼青、姚琮、臧啓芳、丁治磐、陳定山的詩，蔡正倫、梁又銘、李費蒙、張有為的挿畫。

這些人士，皆國人所共仰。須說明的：穆秦為胡睦臣筆名，胡氏乃此書主編人。李費蒙，即婦孺皆知的大漫畫家牛哥。

此書，歷史傳眞的攝影圖片，極為豐富，大小共有二五七幅，深符「左圖右史」的古義。

這部血淚斑斑的大書，也無英譯本，遂亦不為世所知。

相同命運的，充滿了血淚的書，總還有二三十部，那即是民國四十年前後，香港亞洲出版社所出版的，如：

司馬璐　鬥爭十八年

孟伯謙　回向人道

龔　楚　我與紅軍

格　林　北平三年

所謂相同命運者，未經英譯，不為西方世界所知。

司馬璐「鬥爭十八年」，有胡秋原序，這篇序文，如果新生報或者胡氏主持的「中華雜誌」，今天要拿來重刊，相信還是大有可讀的價值。

載民國六十一年九月廿六日新生報二版

附錄 天讎——充滿了血淚的書

彭　歌

當自由世界某些短視的人，認爲毛共統治下的中國大陸，已經是一個「現實的存在」的時候，眞正瞭解眞相的人卻都知道，毛共的統治猶如一盤散沙；其內部的傾軋、鬥爭、貧窮、混亂，猶不止於一盤散沙。毛共政權的「文化大革命」，是慘絕人寰的大悲劇；這一悲劇所造成的嚴重後果，至今未絕。

「紅衛兵」頭目凌耿的故事

在「文革」爆發的初期，福建廈門有一個十六歲的青年凌耿，因緣際會，竟然成爲「紅衛兵」的頭目。在一個七十萬人的城市中，他曾在一個短時期被擺佈爲「革命小將」裡的頭目，儼然乎「號令一方」的角色。從一九六六年到六八年之間，他不僅參加過廈門與福建的派系血鬥，而且到過上海，到過北平去「串連」。到最後，這個青年在親眼看到了萬萬千千善良無辜的人所受的磨難，在親身經歷了許多毫無理性的格殺打鬥之後，終於噩夢初醒，投奔自由。

在自由之地裏，凌耿遇見了美國的心理學教授伊凡·倫敦博士（Ivan D.London）和他的夫人。倫敦博士過去曾花費很多的時間與精力，去訪問由蘇俄逃亡到歐美的難民。最近幾年來，他們研究的對象轉移到毛共赤區逃出來的人。凌耿的經驗，提供了第一手的資料，剖示了「文革」大動亂的眞相。

他們在一起花費了三百多個小時，由凌耿口中說出來的親身經驗的資料在五十萬字以上。然後，經過倫敦夫人的編寫，李大陵教授的譯訂，最後完成了一部以第一人稱敘述的小說——「天讎：一個中國青年的自述」（The Revenge of Heaven）。這本書的英文本。已於今年初由紐約的普特南公司（Putnam）與倫敦的麥唐納書店（MacDonald）同時出版。書中的第一章，並曾於一九七〇年一月份「紐約時報雜誌」上發表，當時用的題目是「一個紅衛兵的產生」。這是自美國總統尼克森訪問大陸赤區前後，時報及其關係出版物上發表的最強烈的一篇反共文章。

各國評論家撰文評介

「天讎」的英文本，共分爲三十一章，全文連同附錄和索引在內達四一三頁。全文十七萬五千字。書的內頁有中國大陸全圖。精裝本定價美金八元九角五分。據中央社巴黎九月五日的電報，法國專欄作家安德森在「戰鬥報」發表書評說：「天讎」一書，爲一名「紅衛兵」

對中共政權及毛澤東本人大感失望之餘，所作的發自內心的自白。

安德森說，這本前「紅衛兵」的回憶錄，值此西方人對於所謂「文化革命」的原委及其各種倒行逆施仍然所知無多之時，尤其值得一讀。

記者還讀到許多位來自美國評論家對此書的評介。

新聞週刊的書評作家歐伯見克（S. K.Oberbeck）說，「這是一本由毛派『小將』頭目之一所寫的書，對於紅衛兵運動提供了內幕性的眞切的觀察。恐怖、鞭撻、和作賤人格是那一充滿了混亂的時期中紅衛兵所使用的主要工具。凌耿都一一生動而詳盡地寫了出來。讀了這本書，可以使人對於紅星籠罩下的中國大陸上種種難解之事，獲得更寬闊而信實的認識。

西部最大的報紙「洛杉磯時報」發表了柯契（Robert Kirsch）的評論，「此書以詳盡而強有力的話語，表達了一個年輕的紅衛兵頭目的經驗：那是在幾年之前震動了中國大陸的大動亂時期的實況，毛記政權利用了在人類歷史幾乎是極罕前例的力量─年輕人的衝力與殘忍。由此而引起了法國恐怖統治時期一般的惡夢……此書乃是在最殘暴的變動期間極其特殊的揭發。」

專供各圖書館界參考的柯谷斯評論（Kirkus Roviews）上也有評論說，「此書是關於中共在六〇年代後期動亂的第一手記錄……讀了這本書，使人有這種印象：毛澤東有意使所謂文化大革命造成一次半組織性的機會，讓那些憤懣不安的青年起來造反。以是，不問毛內心的企圖如何，皆無損於凌耿在這本驚人的著作中所述親身經歷的特殊影響。」

名評論家休斯（Richard Huges）是倫敦教授的老友，他在香港遠東經濟評論的專欄中，發表兩三千字的長文，有一段話說，「希特勒如果在世，很可能會爲文化大革命喝彩。紅衛兵並不像他手下那些專殺猶太人的暴徒們那樣糟糕。那紅色小將們受到上級的鼓勵，自己跟自己鬥了起來。」他引述書中許多實例，證實毛澤東的罪惡，更十倍百倍於希特勒。

由以上的這些評論觀之，「天讎」這本書之受到各方重視的情形，可以想見一斑。

字字句句都有事實根據

倫敦教授是本報李白虹社長的多年老友。他們在心理學研究方面互相切磋，經常通訊。倫敦伉儷月前曾到臺北訪問，李社長和夫人爲他們洗塵，席間也談到「天讎」這本書及其主角凌耿其人。

凌耿是一個筆名，現在已有二十二歲，生活在自由世界中，可能已經大學畢業。至於其目前的行蹤，倫敦教授沒有多談。

「天讎」的內容，字字句句都以事實爲根據。倫敦說，「對於西方讀者而言，這是報導中國大陸當前實況最爲令人震驚的一本書。譬如書中第十一章『安徽乞丐』所寫的情形，是尼克森和那些進入鐵幕的新聞記者們絕對看不到的。」

原書中有幾段這樣寫的——

△文革期間，大部分女同學初次踏出了校門，立刻變得既粗野又放縱，有些甚至於學會了吸煙、喝酒、賭博、賣弄風情。她們一個個開明的結果，是肚子越來越大……

△到了安徽省會合肥，才發現，城市越大，乞丐越多，也越可怕。在火車站上和其他公共場所，更有許多乞丐行竊，做扒手。

△公園裏到處都擠著一堆堆的小孩……四肢細弱，腹脹如鼓，使我聯想起在宣傳影片中看到的非洲小孩。……有些小孩胳膊、腿、手指都看不見了。問起來才知道，是「爹娘砍的。爹娘說，這樣會叫人家可憐，這幾個孩子反正是養不大了。」

△從安徽到山東，人吃人的傳聞竟更是普遍，……我們在一個小站下車，買了幾個包子，狼吞虎嚥地吃起來。

△突然間，周吉美大叫：「這是什麼？這是什麼？」大家衝過去一看，「啊，是指甲！一整片人指甲！包子裡有人指甲！」人吃人的駭聞立刻漂進了我們的腦海。

△發喇一聲，梅梅吐得我一身。我自己也噁心起來。別的同伴們則一個個臉色發紫，又抖又吐。人吃人，這是甚麼世界。

倫敦夫妻對中國大陸的社會情況有深刻的研究。據他們說：「沿海各省以安徽和山東最苦，毛共雖然一再宣傳「治淮」、「治黃」的成功，事實上水患連年，農村凋敝，老百姓苦不堪言，連城市裏也無法掩飾。

倫敦在香港訪問大陸逃亡難胞，得到的第一個普遍的印像就是「饑餓」。每一位難胞對於食物——任何食物，都表現出無比的熱切，甚麼都能一掃而空。其次是，他們對於人權與自由的觀念，十分陌生；而且對於任何人都存著猜疑的心理。爲甚麼？

「天讎」就是最好的答案。任何一個正常的、善良的人，經過那樣慘酷的折磨、悲痛的打擊，都會留下永生難忘的傷痕。倫敦教授慨然長嘆，「可惜自由世界對於那些慘況，所知道的太少太少了。」

中文譯本已在香港發行

讀者們一定都亟欲知道，「天讎」這本書有沒有中文的譯本？據記者所知，香港的新境傳播公司已由原出版人處取得了中文本發行權，由目前旅居美國的丁廣馨、劉昆生兩位教授譯爲中文出版。全文二五六頁。是全文卅一章的全譯本。中譯本目前已在香港和東南亞各國發行，日內就可以運到臺灣。

下面將「天讎」的目錄附列於下，藉使讀者可以略見梗概：

第三章　破四舊
第四章　往福州之路
第五章　八·二九事件
第六章　敢把皇帝拉下馬
第七章　準備串連
第八章　在火車上
第九章　冒險家的樂園
第十章　葉飛、王于耕倒臺記
第十一章　安徽乞丐
第十二章　在「北京」的收穫
第十三章　「毛主席萬歲」
第十四章　學校與串連
第十五章　征服使館區
第十六章　王光美落網記
第十七章　回到廈門
第十八章　二哥

第十九章　一月風暴
第二十章　凌總指揮
第廿一章　女兒國
第廿二章　三月黑風
第廿三章　閩西之旅
第廿四章　外事部
第廿五章　七·二一事件
第廿六章　「革聯」被趕出廈門
第廿七章　伏擊
第廿八章　作戰武器
第廿九章　天讎
第三十章　二·二復判
第卅一章　另一個世界

從這些章目中，讀者亦可略見這本書的梗概了。現在，中文版已在香港出版，國內的讀者們不日就可以看到了這本充滿了血淚的書。

提供最真實最生動的證據

生活在自由天地的人們，無法瞭解那暴政慘酷到甚麼程度，也難以想像中共內部「亂而不能定，分而不能合」的混亂已經到了甚麼程度。「天讎」這本書不僅爲自由世界的人們提供了最充實、最生動的證據；同時，也使我們這一代以光復大陸爲職志的中國人，增強了堅定的信心。以至仁伐至暴，我們一定能夠贏得勝利！

腥風血雨傷痕文學舉隅

核閱舊稿，原已將「揮淚悲愴讀苦書」及附錄的彭歌「天讎——充滿了血淚的書」，予以抽出。黑暗、慘苦、鬥爭，「偉大的領導者」毛澤東，一手導演，翻天動地的偏激行動，置中國大陸於萬劫不復的火海血淵之中。其時，臺灣以堅持反共抗戰，才保得一片乾淨土，若是也歸入這股歷史逆流，臺灣社會所遭受的慘害，勢必超乎大陸社會多多，依循當時共產黨血洗臺灣的瘋狂企圖，這是可以絕對斷言的！

社會的矛盾、鬥爭，是促使歷史進步的原動力。此一偏頗觀點，爲馬列主義、毛澤東思想，所深信不疑的革命至高原則。

自民國十六年（一九二七），江西蘇維埃政權建立，通過二萬五千里長征，以迄抗戰前夕，陝北延安的邊區政府，十餘載歲月，中共黨史有其血淋淋的悲慘記載。它不僅對外鬥爭，更殘忍可怕的，是其消除「內部矛盾」對同志間的無情迫害。

一九四九年新中國建立，清算鬥爭，遍及全個大陸，「黑五類」份子，悉遭折騰，慘殺，緊接著是三反、五反，反右派鬥爭，以至一九六六——一九七六的十年浩劫倒行逆施的「文化大革命」。北大荒也，「五七幹校」也，以及遍於全國各地「勞動改造」的人間地獄。

整整半世紀，中國人慘死於這殘酷無情鬥爭，清算、迫害的冤魂，何止一億人之衆。劉少奇身為國家主席，竟被整得死無葬身之地。整個受到損害的中國人衆，依鄧小平的估計，在兩億人，這自是保守性的說法。說中國人受波及的，有三分之一，乃切合事實。

文化大革命使全中國人痛定思痛，乃有「傷痕文學」的產生，創中外文學史的空前。

民國九十一年九月二十三日，臺北中國時報第十二版「兩岸視窗」，刊出記者亓樂義的專文「紅牆藍瓦文學館，看見巴金的夢」。這位記者先生尊姓，字甚古僻。查「中華大字典」二部：亓，古其字，姓也。

茲摘錄此專文兩三段。

文革結束後不久，巴金有一個想法，希望創辦一所現代文學資料館，把這一代人的作品收藏起來，他甚至夢見站在文學館前的情景。廿年過去了，巴金的夢也實現了。

中國現代文學館去年五月在北京落成，是一座紅牆藍瓦色系的文學建築，館內收藏近四十萬件文學及文物作品。

文學館把中國現代文學的發展劃分為五個時期，並系統介紹從一九一九年的五四運動起，貫穿左翼、大衆、社會主義，以及改革開放後至一九九九年這段期間中國文學發展的大致概況。展廳陳列泛黃的書册和文藝作品，也有國家一級文物的大師手稿，典藏得非常細緻。

仔細一瞧，發現導致無數作家枉死的文革十年，竟未列入精緻設計的展廳之中，實在不可思議。館內人員說，文革十年裡基本沒有作品。他說得也有道理，在那狂飆無是非的年代，除了樣板，確實沒有人動筆說眞話。

回想剛才走過的展廳，除了魯迅早死，逃過一劫，幾乎當時所有知名作家都無一倖免。老舍投湖自盡。其餘被視爲牛鬼蛇神，被鬥被打。這在歷史上都是罕見的。

不過，文革期間是沒有眞正「作品」，但有數不盡的吶喊和冤屈，足以陳設一廳，讓後代子孫警惕政治不能凌駕一切，人性不應遭到扭曲，悲劇更不需要重演。

看著巴金「隨想錄」的眞跡手稿，他在窄小的稿紙中寫到十年浩劫，自稱當時「喪失了是非觀念，沒有過去，也沒有將來，只是唯唯諾諾，不動腦筋地活下去，精神狀態是可憐可鄙的」。聽說，巴金曾倡議成立文革博物館，藉此記取歷史教訓，至今卻無下文。

民國八十年五月，壽堂初返大陸探視，經武漢、長安而至北京，曾特至現代文學館，承資料室馮志偉、孫金鑑先生接待，檢閱目錄，參觀書庫，悉其經費所限，未能將所有書册，盡量蒐求。其時，兩岸尚未能寄遞掛號包裹，林海音能將其所有著述書册，自臺北寄到現代文學館，殊非易事。陳紀瀅的書若寄去了，其抨擊中共的長篇小說「赤地」，「華夏八年」，能不受限制的陳列出，供衆閱覽嗎？

這半個世紀，兩岸、海外各僑居地的中國人，且有部份曾與中共打過交道的外邦人士，其下筆於傷痕文學的作品，包涵了詩，散文，小說，戲劇，報導文學，回憶錄，傳記以及歷史剖析的論評專文和專書。

一老一少。千家駒「從追求到幻滅——一個中國經濟學家的自傳」（民國八十二年六月，臺北，時報出版公司版），跟前述紅衛兵凌耿「天讎」，乃傷痕文學代表性的書册。

千家駒，浙江武義人，一九〇九年生。一九二五，就讀金華第七師範時，還未滿十六歲，先參加國民黨，後入共產黨，成爲「跨黨份子」。次年秋，考入北京大學。一九三二，自經濟系畢業，成爲高度迷醉的馬克斯主義者。進入北平社會調查所，做研究工作。主編天津益世報「農村周刊」。所撰財經方面的文章，經常刊載於「東方雜誌」、「新中華」、「申報月刊」，聲譽鵲起，超乎了前輩先生的馬寅初。任教廣西大學，香港達德學院，北京清華大學。一九四九年後，歷任中央社會主義學院副院長、第六、七屆全國政協常務委員，中國民主同盟副主席，重慶市、哈爾濱市及若干市的經濟顧問，汕頭大學、華僑大學、廈門大學、西北財經大學名譽教授。反右運動，文化大革命中，飽受屈辱，下放幹校勞動改造。一九八三，移寓深圳經濟特區。

一九八九「六四」天安門事件，引起千家駒的極大反感，乃於七月間赴美，十一月皈依了佛門。他八十三歲時，完成了這本「從追求到幻滅」的回憶錄。二〇〇一年間，逝於異邦。本書的自序，結語特別指出：「二十世紀初的青年，不追求社會主義的理想，是落伍的；但在二十世紀末，如果一個人還執著於共產主義的空想，便是麻木與愚昧的了。」

前述民六十年間。拙文「揮淚悲愴讀苦書」，所述民四十年、五十年間，香港、臺北所出版的司馬璐「鬥爭十八年」，龔楚「我與紅軍」，南宮搏「憤怒的江」，胡睦臣「反共義士奮鬥史」，唐柱國「北平學生反共抗暴運動紀實」，皆屬傷痕文學的血淚書冊。其時，傷痕文學之說，猶未產生。由之，吾人得一體認，自一九二七江西蘇維埃運動起始，傷痕文學即已早就存在了。

下列幾部書，一看書名，即知是傷痕文學書冊。

姜昉「哭泣的北大荒——我在集中營的日子」，民八十五年一月，臺北，商周文化公司版。

古錚劍「千古傷心文化人」，民國六十七年七月，臺北，白雲文化公司版。

王樹明「悲愴記事——文革中的三十年代作家」，民七十四年臺北，聯合報版。收巴金、王西彥、錢鍾書、楊絳、陳白塵・王若望的篇章。

李瑞騰「哭喊自由——天安門運動原始文件實錄」，民七十八年七月，臺北，文訊雜誌社版。

聯合報編輯部編「天安門一九八九」，民國七十八年八月，臺北聯經出版公司版。

巴金「十年一夢」，民八十四年十月，北京，人民日報出版社版。

李敦白著，林瑞唐譯「我在毛澤東身邊的一萬個日子」民八十三年八月，臺北，智庫文化公司版。一九四〇年李敦白在美國陸軍服役，隨美軍來到中國，一九四三在入史丹福大學習中文。二次大戰後，成爲中共黨員，到了延安。在中共的文宣工作中成爲要角，因而在毛澤東身邊。淪爲共黨內部鬥爭的犧牲品，兩次入獄，囚禁了十六年。一九八〇年，跟他的中國妻子玉琳飛返美國。他的覺醒。一如千家駒。返美國十三年後，寫出這本回憶錄。

壽堂並未特意蒐集，但就手頭書册，列舉十一部，見其所包容傷痕文學的性質。先說這四部長篇小說及一部中短篇小說。

張賢亮「肖爾布拉克」，民國七十六年九月。臺北，林白出版社版。著者爲忠貞的共產黨員，前後勞改、下放，歷時二十二年，受盡批鬥之苦。獲得平反後，方開始寫小說。

賈平凹「廢都」，民八十二年春，香港，天地圖書公司版。著者陝西丹鳳人，一九五二年生，畢業西北大學，作品甚豐。爲西安市文聯專職作家，此書寫的鄉土社會。後記結語：「這本書帶給我的無法向人說清的苦難，記住在生命的苦難中又唯一能安妥我破碎了的靈魂的這本書。」畫龍點睛的冒出傷痕。

高建群「最後一個匈奴」，民八十三年三月，臺北，旭昇圖書公司版。著者，陝西臨潼人，一九五四年生。長期在陝北工作和生活。寫陝北鄉土、黨政、文革與平反的一些瑣細。

程抱一「天一言」，係以法文寫述，楊年熙漢譯。民九十一年十二月，臺北。聯經出版公司版，著者，江西南昌人，一九二九出生。一九四九留學法國，定居巴黎。一九七一入法國籍。多年的學術研究。二〇〇一年，獲法蘭西學院法語系文學大獎，是首位獲此獎的中國作家。小說中的主人公天一。書分三章。寫江西、重慶、南京、敦煌。巴黎。一九五七，天一回國，任教杭州美術學院，遭批鬥，下放北大荒，人間煉獄種種切切的描寫，佔本書一半篇幅。

鄭義「遠村」，民七十九年六月，臺北，海風出版社版，著者原籍四川，畢業於文革紅衛兵誕生之地的北京清華大學附屬中學，以傷痕文學崛起文壇。「遠村」中篇，附「冰河」、「迷霧」兩短篇小說。其社會背景，分別是太行山，黃河，北京，重慶。

下列非小說的六書，皆包涵了極濃厚傷痕文學的成分。

碧明「大陸探親記」，民七十五年八月，臺北，臺灣商務印書館版。

桑曄（女）、張辛欣「北京人」上下二册，民七十八年一月，臺北林白出版社，是著者兩人在北京訪問各階層人士、十九位，應用錄音機，「口述實錄文學」的報導。成書前，先即分別刊載於美國、日本各大報、期刊，引起國際上廣泛的注意，譽為一等一的作品，也不為過。與前輩的陳紀瀅、范長江，蕭乾，陳香梅，陸鏗．徐鍾佩，正是伯仲之間。

鄭翼宗「浩劫歸來話半生」，民國八十一年五月，臺北，前衛出版社版。同時有臺灣出版社美國版。副題「一個臺灣人醫學教授的自傳」。著者，一九一三年臺灣新竹出生。少年時期，赴日本求學。一九三九，慈惠醫科大學畢業，留校研究並任教。一九四七，回臺北任臺灣大學熱帶醫學研究所細菌免疫血清系主任。一九四九，派赴美國哈佛大學醫學院研究。一九五三、回歸祖國，於北京醫學院任教。歷經二十五年的劫難，肅清反革命運動，反右派鬥爭，三面紅旗（總路線，人民公社，大躍進），文化大革命，知識份子「臭老九」的受輕視與敵視，一九七八年三月，方離開了悲慺歲月的大陸。

金永華主編「東方十日談——老三屆人的故事」，民國八十四年十二月，上海，人民出版社版。解題，「十日談」，係義大利散文名家薄伽丘（一三一三——一三七五）的作品。假托一三四八年佛羅林斯發生大瘟疫，有七位大家閨秀和三個富家公子，去到鄉間別墅避疫。賞玩風景，歌舞遣興之餘，每人每日講一則故事。共住十天，講了一百個故事，因名十日談。享譽世界文壇至今六百多年。「老三屆」人，指的一九六六——一九七六「文化大革命」中那些青少年人。此書也是按十日逐天編列，共得九十九篇。皆以第一人稱述說，無所隱飾，涉及了十年浩劫的重重苦難。作者少數人用的筆名，大多係眞實姓名。

朱家雄主編「北大情事」，民八十九年一月，海南海口，海南出版社版，編者向老、中、青三代兩百位北大人徵稿，說北京大學裏的情和愛，婚姻、學習與社群生活。本書刊出了三十五篇，另加十二篇特說辜鴻銘、蔡元培、陳獨秀、胡適、周作人、林語堂，張競生等前輩們的情愛。篇篇文筆瀟灑，娓娓道來，如對故人，不經意的冒出傷痕文學的點點滴滴。

中國散文學會主編，李曉虹、王兆勝編選「二〇〇一年中國散文年選」，民國九十一年四月，廣州花城出版社版。從全國報紙、期刊中廣泛選錄，名家與各階層的作者皆有，可讀性極高。四面八方的題材，湧現篇意。讀此六百多頁的厚書，每每令人驚異，不知下篇將展示出怎樣的世界來。比之「東方十日談」尤爲繽紛多姿彩。而文革傷痕，屢屢見之。半世紀以來，大江南北各地，公私方面纂輯群籍以成書，或糾合多人共著一書，蔚爲風氣。此作爲，實超乎前此任何時代。未知有心人士，會出而纂輯傷痕文學，爲歷史的省思。創痕早已結疤。從文革到天安門六四事件，中國人民所受苦難達到頂點，古老周易的昭示，否極泰來。咱們大夥，都獲有共識，不會再有那倒行逆施的暴政苦難來折磨咱們中國人了。

不必要的描寫

是否一種不可抗拒的潮流呢?不,這只是一股邪蕩的勢力,而失了創作自主力的作者,筆下有意的迎合。這更是一種病態,神經病患者的裸露狂。

近十年來,我們不少的小說描寫,喜歡表現其大膽的筆致,也就是說,一部作品的主題、結構、情節、文辭、意趣,並無需如「查萊泰夫人」的描寫法,也往往硬要綴上這麼一段,使你感到所有的作品,報紙副刊上的,雜誌上的,小說書上的,都染上了「查萊泰夫人」的色彩。而文友中凡事小說寫作,具有這種傾向的,女性比男性為多。當面,誰也不好意思向你提出;背地裡,可就說得多了——他品評得你至於猥褻。平心而論,不是這些背地說閑話的人太下流,而只是你的描寫動人,引得人家要推理聯想到這種境地。只有我這王老實,曾在五十二年的五四文藝節,初遇一位姊妹,首次談話,我就坦白告訴她:十年來我讀她的作品,活潑明暢,智慧熱情,皆屬可喜。她是先在國外出名的年輕作家。而在會面之前一星期,我讀到她的一個中篇,內容形式都好,就只有一點缺失,硬要加上性愛描寫。其實,她是個學養深厚,且有見識的人,性情樸質,非「浪漫派」可比,為何逃不掉「查萊泰夫人」色彩的籠罩呢？我很懇切的勸告她：不必要的描寫，那是浪費筆墨。

從人情上說，我未免交淺言深。但我並非太冒昧，第一，十多年來，欣賞她的作品。第二、她中學的國文老師，是我很要好的一位老弟，我們常對她有所關心。所以，當時她不覺得我初次見面出言唐突。

什麼叫不必要的描寫呢？且以電影爲例。

有不少最性感的電影片，描繪性愛鏡頭，不外挑逗，甜吻，擁抱，撫慰而已；再進一步，必用暗筆，窗幃一拉啦，門一關啦，電燈全暗啦，雨淋花枝啦，貓兒打架啦，全用文學比喻暗示的手法，引得觀衆意向飄飄然的。假如硬要著實描寫，那就成爲「小電影」了。

再以「金瓶梅」來說，抗戰前夕上海出版的「世界文庫」，曾有把「金瓶梅詞話」加以影印，而刪去不必要的描寫部份，誰不認爲這是一部宏偉結構的不朽作品呢！那刪去的部份，只是等於今日的「小電影」。

小說、電影中這種不必要的描寫，如果你執意爲之，說這是一種時興，自己不願居於「落伍」，好！你的讀者和觀衆，必然對你這位作者或是演員，心存猥褻之想。他讀你這種書，看你這種電影，只等於是在後宮裏荒淫的帝王，而你呢，頂多是一位弄臣罷了。

我們所有寫小說的朋友，都有一番自尊之心。我們不僅非爲消遣的，更不必說是讓人玩弄的，我們實在是基於靈性上的動機，有所訴說，有所提示，一點不自誇——靈魂的工程師！

怎好故意的逗得人家輕視。

最近，新出版一種文藝刊物，其鄉土性極爲我所喜，我答應要寫篇半論文式的文字，爲它捧場。我這個笨人，向來不爲人瞎捧場，而也難得說人壞話——只因三十多年來浸沉於諺語之中，有一份想自己，度他人的德行。我想，這是朋友們信得過的。那曉得，等到讀完了這份極爲我所喜的刊物，尤其是它的首篇，唉！太是令人可感歎了。一篇極有風致的作品，硬要塞上幾段不必要的描寫，而且，仔細分析起來，這幾部份乃是「查萊泰夫人」的抄襲。主編人焉能不發現？是有意放縱？還是震驚於今日時代不可抗拒的潮流呢——依我看，這並非爲潮流，而只是一股邪蕩勢力，有創作自主力的作者，應可知所辨別，而有捨取。

我要憑良心說話，憑良心寫文章，極願爲這刊物捧場的事，只得保留一下，看看再說了。我想信，喜好這份刊物的朋友，凡仔細讀了它，都必有同感。

我想，性教育的書，與小說書性愛描寫的裸露狂，是截然不同的兩件事。前者是嚴肅的，高貴的，純淨的；後者是邪蕩的，低下的，作賤自己的行爲。

最近我們看報紙的專欄報導，日本一神經病傾向的青年，其所刺傷美國大使，乃由於他起了一番錯覺，以爲今日日本社會的邪蕩，男女貞操觀念的消失，種因於美軍佔領下都市生活之過於「性感」，而非「蝴蝶夫人」影片那種情愛纏綿，完全是水手式的肉慾張狂。

總之，性教育是一回事，從雍和宮的歡喜佛到英國皇家學會會員司托潑夫人寫的「結婚的愛」，討論得越明白，越澈底越好，這關係著夫婦生活的健康，家庭的幸福，甚至是國家社會的盛衰。而「查萊泰夫人」這一類小說又是一回事。這三回事，難以混雜在一塊。否則，在未來的歷史的批判上，我們是會蒙羞的。有那一天，我們要想把這已刻板下來的羞辱除去，但是，白已成黑，洗淨長江黃河之水，也難以去其污。

以上，是自己今年文藝節所要提的感想。請寫小說的朋友，少作不必要的描寫，儘可熱情，但不要輕狂，我們究竟不是水手。況且，水手上岸，兩三天後，他也只要文質彬彬哩。

載民國五十三年五月「晨光」十二卷三期

切莫爛筆頭

「文壇月刊」越出越早了，本年五月號，在四月廿四日就由郵寄到。我先讀這四篇：

穆中南　紀念「五四」有感

陳紀瀅　大學文學課程之研究

錢用和　中國近代文學

長　風　文章禍國的鄒韜奮

他們幾位所提出的意見，我全部深有同感，所以這裡特為標出。須得一述感想的，是有關鄒韜奮部份。長風先生的評論，乃為譴責性，如題。但並非嘲罵一番，而是據事評斷，蓋棺論定。他說：「鄒韜奮不是沒有學問，但是乖誤一生。」鄒韜奮死而有知，當必許為公平批判。他當時「蠱惑了青年，困擾了政府，而幫了共黨的大忙」，自是他個人要對歷史負其責任；但是，更深一層觀察呢，似當還應有所分析——至少，把穆、陳、錢三位的文章併同一觀，可知此中消息。

長風先生論斷的結論說：「我們總覺得一個知識份子不僅要對當代負責，而且還要對後代負責。寫文章不難，要能認清善惡，把握良心，眞正有益於國家，社會、人群、似非易事。我寫這些人物，感慨獨多！」

以今日印刷條件的利便，公共傳播事業的發達，寫文章的人豈可因此而輕率從事？當你一字一句下筆，背後有多少看不見的眼睛盯著你，在緊緊的追問：這是眞理嗎？這是誠懇的由衷之言嗎？你豈可舞文弄墨，像城市上空的煤煙一樣，爲害社會，也毒害了你自己。

顧亭林「日知錄」的一段話，所以當拳拳服膺：「文須有益於天下。文之不可絕於天地間者，曰明道也，記政事也，察民隱也，樂道人之善也。若此者，有益於天下，有益於將來，多一篇多一篇之益矣。若夫怪力亂神之事，無稽之言，剿襲之說，諛佞之文，若此者，有損於己無益於人，多一篇多一篇之損矣。」

今天，有黃、灰、黑色之文，公然的，普遍的散布於此中華民國僅有的一片乾淨土地之上，不怕害人不成反害己。那受到抨擊的人爲自己辯護，說今天無是非，但是，你敢否認：後代歷史豈會也無褒貶？以文論文，骯髒的文字不得謂之文，正如我們常說一個奸邪的人「不是人」一樣。劉勰「文心雕龍」，開宗明義就提說：「文之爲德也大矣！與天地並生者爲何哉？」

我們湖北人，說那當訟師的以及凡吃筆墨飯而不按良心做事的，斥之曰「爛筆頭」。現在世道，爛筆頭的似乎更多了。但是，有一件事實很重要，廣大的讀者是有辨別力的，他自曉得善善惡惡！

載民國五十二年五月一日臺北新生報副刊

談靈感

寫文章的人，都喜愛靈感。當靈感充沛之時，文思有如湧泉，得心應手，興會淋漓，妙筆生花；逢到靈感貧乏呢，枯坐案前，搔首苦思，了無意趣，半日不得一字。寫文章，甘苦的分際，也就在這裏了。

狂傲奇絕的金聖嘆，評論西廂記，說得好：「文章最妙是此一刻被靈眼覷見，便於此一刻放靈手捉住。蓋於略前一刻亦不見，略後一刻便亦不見，恰恰不知何故，卻於此一刻忽然覷見，若不捉住，便更尋不出。今西廂記若干文字，皆是作者於不知何一刻中，靈眼忽然覷見，便疾捉住，因而直傳到如今。細思萬千年以來，知他有何限妙文，已被覷見，卻不曾捉得住，遂總付之泥牛入海，永無消息。」

金聖嘆所論文章的妙境，很相近於我們今天所說的靈感。靈感的出現，應該有兩種形態：其一、當執筆寫作之前，思想感念的浮現。這種感念，有的略一呈現，稍縱即逝，有的縈繞在心，久難消釋。其二、文章寫作當中的運思。寫文章有如抽絲一樣，常使我們的思想在運筆當中向前發展，使新的意念不斷產生，而結構成美妙的章句。歸根結底的說來，文章的妙境，還是從多思、多寫的活動中得來的。多思可以培育靈眼，多寫可以訓練靈手。妙境一旦呈現，當然要趕緊捉住它，免得稍縱即逝。卻也有一點，我們不必可惜：這妙境和靈感，雖或從手裏溜走了，但對於文章主題所屬事物的根本理念，那是憑著每個作者的了解和經驗而存在的，當一個時間的限定之內，不會有太大的出入。

假定說，我們要以馬爲寫作題目，那麼，我思想中所首先提供出來的資料，必定是知識上的，閱歷上的，情感上的那些關乎馬的情況，只等筆下調排。因爲下筆時興會不同，也許這篇文章的形態，今天寫出的，會比昨天寫的不同，明天寫的，又可能和今天的有異，然而在對於馬的根本理念上，其了解，必然在作者知識體系一定的等量之內。

按這種情況來說，我們寫文章就不必太關切那靈感來不來的問題了。我們只能說，當靈感充沛時，寫出來的文字，可以特見情趣，卻不能說，當靈感阻塞時，就寫不出文章來了。寫文章自娛的人，可以這樣想法，靈感第一，靈感至上。那必須常寫文章的人，則不可拘泥於這一個靈感的問題。

中西文學史，都有指出，好些職業作家，是不太重視靈感的。一個人，難得一年三百六十五天，天天靈感充沛；然而，一個職業作家，須得經常寫作，那怕他毫無靈感呢。所以我們當重視的，乃是一種寫作習慣的養成和保持。有的人，把每天一定的時間安排下來寫作；有的人，則在空間裏安排下一定的環境以事寫作。凡能這樣保有著寫作習慣的人，經常的寫作有其慣性，其動作一經進入適當的程序之後，好像液體的移注，虹吸作用一旦發生，就會源源不絕的流出了，也即是說，這慣性是能引起文思，激發情趣的。如此，就不會搔頭抓耳，感到難以下手而把稿紙撕碎了。

還有一點意思必須一說，談靈感與寫作的問題，我們實在是應該多向新聞記者學習。

在寫作上，記者先生們，幾乎是無條件的，既不能講什麼寫作時間，也不能安排什麼寫作環境，更談不上什麼靈感的來不來。一通電報，一篇特寫，一則簡訊，都是倚馬立待，必須運筆如飛，要最迅速的完稿。那怕是在喧鬧緊張的交易所裏，在人潮洶湧的飛機場上，在砲火轟擊、血肉橫飛的前線……一枝筆，一張紙，不容分說，必須即刻，即刻寫作！思索到那裏，寫作到那裏。寫作既終，當然可以從頭到尾的校閱一遍，卻不容許如普通寫作那樣，朗誦低吟，作字句的推敲，爲氣韻的品味。也有在搶新聞的時候，本論還未寫出，其前文已經刊印在報上或是已經廣播出來了。

這種文字的寫作，不能打草稿。非如我這樣寫寫擱擱，擱擱想想，想想改改，而終於改不出好樣的文章。新聞的寫作，要圖修改的話，那是只有等待到下次寫作，也只有在立意的時候，卻不可能在寫作的時候。因爲新聞記者的寫作，每每不容許他寫下後句時還能有修改前句的餘裕，好像大匠人剖木材，解全牛，裁衣料，必須眼光準，手力穩，一斧、一刀、一剪的這麼一傢伙劈下去，這麼一傢伙割下去，這麼一傢伙剪下去，一手見工夫，是再無可修改的。

那麼，這種寫作，是不是潦草塞責呢？是不是出品粗糙呢？是又不然，要果然如此，新聞紙的閱讀，就不會教每一個人感到興味了。舉一個例，像劉毅夫先生，不管是特寫也罷，專電也罷，他的文筆，潔淨，中肯，精銳而有風趣，那總是教大家喝采的。這其中的甘苦、錘鍊與其獨得之秘奧，最好請劉老大哥來談談罷，我再說下去，就浪費筆墨了。

總之一句話，寫文章的一字訣：寫。

載民國四十三年六月「晨光」二卷五期

這二十五年的文學創作

——攏總三大項，顯示於海內外

從政府遷臺北，這二十五年以來，在「有些人」的眼光裏，中華民國的文學創作，似乎無啥成績；跟以前的二十五年——自民國十三年到三十七年，似乎是無法相比。

這裏，咱們得先弄清楚這「有些人」，乃是指的：

1. 前二十五年文學作品的讀者，現在都老哪，他欣賞的眼光，早已提高了很多，他少讀現在年輕人寫的東西，而率意抹殺了後來居上的成就。

2. 臺灣出版物不易流傳到海外去。西方國家的讀者，只看得到從前老舍、巴金、曹禺等人的作品，以及現在大陸「工農兵」的假文藝。

那寫現代中國文學史的人，那熟知這五十年來我們文學創作業績的人；還有，那武漢，重慶時代以及現在文藝協會主事的諸位先生，更還有，五十年來，那自少至壯至老，一直不曾停筆的作者，譬如蘇雪林、梁實秋、周君亮、張深切、洪炎秋、陳紀瀅、謝冰瑩、張雪茵、姜貴、穆中南、林適存、涂翔宇、孫陵等諸位，和那至少是數以千計歷經半世紀的老讀者，自會公正的評斷說：「這些人的看法，大大錯誤。」

怎樣使人們認清事實呢？

第一、編刊這二十五年來的作品目錄。

大致的分類是：文學理論，文學批評，文學史，詩，散文，遊記，傳記，小說，戲劇，民間文學，童話等。每類作品，再依作者類號排列。散篇發表於報刊上的，須記明發表時間、報刊名稱、版別、卷期、某頁到某頁的頁數。單行本，要列出版時間，出版者、開本、頁數。總之，按圖書館學的要求做。

試舉兩個書目統計的比較：

	文學理論	文學批評	文學史	詩	散文	遊記	傳記	中短篇小說	長篇小說	戲劇
甲	111	48	79	151	210	35	299	390	250	74
乙	79	7	19	123	362	38	282	240	730	134

甲「全國總書目」，民國二十四年十一月生活書店初版，錄民元以來出版品約二萬種。

乙「中華民國出版圖書目錄彙編」，民國五十三年九月，中央圖書館初版，錄民國三十八年至五十三年底，在臺灣的出版品，也兼收部份香港的，得書一萬五千種。

翻譯品，未列入此統計。數字以作品種類爲單位。前時期出版品，在臺重印的，未列入。

甲乙兩時期，各類作品的多寡差異，識者自知其理，我不想於此多爲分析。又，此係數量比較；至質的比較，在主題的擴展，與文學的語言、情境、藝術手法上，我以爲後期有顯著進步。相信會有人爲這做番比較；短短此文，是無法陳述了。

第二、當年，趙家璧主編「中國新文學大系」，由胡適等十人，分編建設理論集，文學論爭集、小說一二三集，散文一二集，詩集、戲劇集、史料、索引凡十大本，六百餘萬字，號稱「第一個十年」，「中國新文學運動的總決算。」那麼，咱們這二十五年，至少也應有一兩千萬字作品的集結，好好擺出來，以顯示於海內外呀。這樁事，現在做，還不算太難。印爲十六開的二、三十册大書，成本固然可觀，但銷路不會有問題。李輝英在香港，早已有所作爲了。

第三、選出這二十五年來的長篇小說五十部，並從上刊二、三十册大書裏，選出其二分之一或三分之一的內容，還有第一項作品目錄，攏總這三方面，加以英譯。這就可使西方社會明瞭我們文壇成就，究爲如何。

創及履及，說做就做，三年有成。

如果還是這兒研議，那兒協調，或者只能小兒科的意思意思，那就莫怪好多位作家傷心得好久不動筆了。

假如你眞的體認到，「筆比劍更強」，這類事，跟強化金馬前線防務，促進臺灣經濟起飛，執行政治革新，是同等重要，你就會拿出人力、財力來支援。否則，就讓那些詩人、作家，字字的嘔心瀝血罷，誰教他甘願獻身這一行道。

前天電視，訪問作家司馬中原，他說從事創作二十五年，出版了四十多部書，已超過一千萬字。這麼說，僅僅他一人，成績就已大大可觀。司馬是每天都在寫的。平均每天寫一千二百字計，一年爲四十三萬八千字，二十五年下來，就是一千零一十五萬字，可眞是「零碎不覺堆」，「小數怕長算」哪。

這二十五年來，寫長篇小說，具有成績的男女作家，又何止五十位呢。

所以，這二十五年來，作品成績的選集，攏總印成一兩千萬字的一套大書，外加五十部長篇小說，並非咱們胡亂說的。如有疑問，請不妨再仔細研究研究上列的書目統計比較。

再說，凡是國家政治，經濟進步，未有不息息相關，反映於文學創作上的。切莫誤認，以爲人都看電視看得懶懶的不肯起身，以致不閱讀書本了。

朱介凡先生為一有心人，不僅孜孜不息於諺語的蒐集與研究，同時還為這一時代的文學作過各種的呼籲，其所提三點，實行並非難事，願我們共赴之。

·編者·

載民國六十二年九月「中華文藝」六卷一期

七十年來的文學

這七十年來，現代中國文學創作的發展，就詩、散文、小說、戲劇以及文學理論幾部門看來，約有這麼幾個階段：

辛亥革命前後

五四運動前後

國民革命軍北伐前後

「九一八」事變前後

抗戰八年到勝利初期

近三十年

以前的四十年，國家社會變動鉅烈，必須劃分這麼五個階段，才好考察我們文學創作，所表現的不同形態。近三十年，自由地區與赤色大陸，隔海峽對峙，大陸的文學創作，幾乎一片空白。顯得蓬勃鼎盛，多彩多姿，乃是臺澎金馬以及受此中心影響，旅居全世界各地僑胞的文學創作活動史。當然，如果我們寫現代中國文學史，對於大陸上這三十年極稀少的文學創作，絕不一筆抹殺。

人們盛道的「三十年代文藝」，嚴格的說，其時間並不限於民國二十一年到三十年，它的歷史過程，約當「九一八」事變前到抗戰八年，將近二十載歲月。但將「三十年代文藝」與近三十年自由地區的文學創作，比較比較，就可看出這七十年來中華民國文學創作的業績爲如何。而從辛亥革命前到北伐時期的那二十年，乃是我們白話文文學創作的前驅、嘗試的過程之初。

這比較，要從兩方面下手。

甲、前此「三十年代」與近三十年自由地區詩、散文、小說、戲劇以及文學理論這幾部門綜合對比的考察。

乙、作家個別的比較。如以陳紀瀅、姜貴、王藍、鍾雷、墨人、楊念慈、鍾肇政、邵僩、司馬中原、朱西寧與茅盾、張資平、巴金、老舍、沈從文、王統照、張天翼、穆木天、蕭軍、艾蕪相比。女作家，有張秀亞、林海音、劉枋、潘琦君與馮沅君、廬隱、丁玲、白薇相比。更不妨看看詩人余光中、羊令野、洛夫與戴望舒、臧克家、艾青相比。請恕提說不全。

我們這三十年來的作者，比起那三十年代，人數以及每一位作者作品的豐富與其品質，無一不大大顯示其後來居上的情態。後來居上，本是宇宙定律。尤其是因爲白話文的發展，從八股文解脫而來，有了前人嘗試與開拓，後人立足點，要超乎前人的緣故。後人一上路即是坦途，不必如前人之先需要披荆斬棘。

數量的比較。更重要的是質量的比較。甲方面、乙方面，要一一考察其如左項目。

1. 時代精神與作者立場。
2. 主題所屬的基本思想、義理。
3. 立筆風格。
4. 創作方法。
5. 結構、佈局。
6. 字句，語言的運用。
7. 情趣、境界。

這比較首即發現，茅盾、巴金等人的作品，有著破壞性。而陳紀瀅、姜貴等人的作品，顯示著建設性。無妨隨手舉出他四人的作品爲證，那就是「子夜」，「家」，「華夏八年」、「喜宴」。作品之豐富，近三十年來更是壓倒性的對比，若墨人、楊念慈之與蕭軍、艾蕪。

作家無有不經歷習作、模仿、嘗試、成熟、變化、突破，與復歸自我的過程。最難把握的，是寫作成熟之後的變化，爲了要更進步而有突破。例如沈從文，他在抗戰勝利後的那幾年，優於玩弄寫作技巧，他或許感到突破，而寫出一些晦澀的作品，不免留下敗筆。又如茅盾，他寫了二十年的小說，雖都風行一時，但其把握到小說藝術，乃是他最後一部未完成的長篇「霜葉紅似二月花」。

自由地區，這三十年來，也曾有詩人、散文作者、小說家，要求作品成熟後突破的變化——其主要表現出來的是：思想意識的深沉潛化。章法的求新求變。遣詞造句之不同於尋常，不惜破壞了文法，乖離了語法。情趣、境界的晦澀。結果造成了自我的樊籠。難於孤芳自賞（問題是，並未達到作品之芬芳），乃不得不自破樊籠而出，復歸自我，仍然走著平順寫作的道路。只因文學的社會性、普遍性，必然要求作品的平順。

七十年來，現代中國文學的發展，何止千百事態，紛然雜陳。這發展的中心，實依循著主流的方向而行。好像長江、黃河，雖也有漩渦與岸邊的回流，但所有的水流，終必隨主流激蕩以下。還有，文學發展的主流，必然與國家歷史發展的主流相並同，則文學創作開花結果，方顯得踏實，也纔緊緊抓住了時代精神。

載「新時代的文學創作方向」，民國六十九年八月，
中華文化復興運動推行委員會出版

從茅盾的小說藝術說起

有人撰述當代中國文學史，評論茅盾，卻漏提了他未完成的一部作品「霜葉紅似二月花」。

民國二十年的前後七八年，茅盾的小說，幾乎蓋過了所有的作家，爲蔣光赤（後易名光慈。他這易名，表面上由於政治因素，要沖淡他之爲共黨作家的色彩，但也有其意識型態的變更，他後期作品「麗莎的哀怨」，顯示出對白俄的同情，就遭到打手們的抨擊了）、老舍、丁玲所不及。雖然張資平的小說，數量始終居於首位。巴金則比他們幾人，稍後兩年。沈從文的崛起，比巴金早，但比茅盾遲。

對當代中國小說的欣賞，我是從他們這些作家的作品，十分貪讀而形成。由於茅盾地位重要，自始就特別注意他的小說與散文。

我獨對茅盾有個特別感受。他小說的筆致，常是從寫景或人物的細緻描寫入手。中篇或長篇，三五千字的，這麼開頭，不能馬上吸引住讀者。在這方面，他大大不及張恨水——當時人們的嶄新觀念，是不拿章回小說來比擬這些現代小說的。但是，張恨水的特色之一，不管長篇、中篇，是他自己所寫，還是別人代筆，經過他潤飾的；當時，他太紅了，京滬平津好些報章搶著要他的連載，中篇小說可能有二分之一都非親筆所寫——當讀者一打開書本，只要讀兩三行，就即刻進到引人入勝的境界。

茅盾那上十年，寫作勤勉，是不可否認的。但他小說藝術的成就，硬是遲遲乎其來。直到抗戰勝利之後，「霜葉紅似二月花」出版，方給與人們這番驚喜。這部長篇小說的破題，寫一個大家庭，大姑媽回娘家，筆法的起手，日常事故，閒閒引入，逐漸展開，活潑明快，毫無斧鑿痕跡。字裏行間，情節的進展，到處充滿了這大姑媽的聲音笑貌，一掃他「紅」、「蝕」裏那些費力不討好的瑣細描寫。

可惜，這部小說，我們只看到第一册，就其結構推測，這應只是五分之一的部份。大陸變色，所有這些共黨作家和同路人作家，只在初期一年時間也未滿，被捧得暈淘淘的，毛澤東以「星星之火，可以燎原」，美讚他們心戰的成效；但是，自此以後，桎梏加身，大陸文藝界再也難得有前此的創作自由，一體不見有作品問世了。

若譽滿中外的郭沫若，謝冰心，田漢，老舍，洪深，巴金，沈從文，蔣光慈（起先名光赤），曹禺，皆是其顯例。

評論茅盾的小說藝術，另有個重要體認。

中華民國這三十年來，小說作家，由於整個白話文發展以及現代小說創作藝術的發展——

—大勢所趨之下，受到益惠，還少有人如茅盾之前十多年，走著失敗的路子。也即是說，這三十年來的小說作家，他的作品只要得到讀者承認，其寫作技巧，早已得心應手，達到「霜葉紅似二月花」的藝術手法了。試略舉這些後來的作者，像：

陳定山、姜貴、陳紀瀅、魏希文、穆中南、南郭、趙滋蕃、依風露、童世璋、王藍、高陽、南宮搏、黃思騁、彭歌、楊念慈、郭嗣汾、墨人、潘人木、孟瑤、林海音、劉枋、郭良蕙、公孫嬿、田原、朱西寧、尼洛、瓊瑤、張放、白先勇、司馬中原、鄧文來、夏楚……。恕我提說不全。批評家無妨拿這些後來作家的作品跟茅盾比。推而廣之，也可與老舍、葉紹鈞、張資平、廬隱、白薇、丁玲、沈從文、巴金比。

這種整個白話文發展以及現代小說創作藝術的發展，歷史大勢所趨，個人才氣不容突破其限制。胡適的白話文，早期生硬與晚年純淨，是一個好例。茅盾是白話文發展歷史過程開始之際，寫作手法欠適應的代表作家之一。老舍由於在口語研究分析上，一直下著很深的功夫，他這種適應的時間，比茅盾要快當些，這從他最早的長篇小說「二馬」、「趙子曰」、「老張的哲學」和後幾年的作品「離婚」、「貓城記」、「駱駝祥子」的對比上，可以見之。而後來的作家，也就是近三十年在自由中國出名的小說家，由於「前人栽樹，後人乘蔭」的關係，在寫作手法上，一開始就因利乘便，用不著有茅盾、老舍那一段勉力適應的過程。也正如現在小學一年級的學生，其中少數優秀孩子，受著「提前寫作」的導引，他文字表達的能力，大過六十年前小學三四年級學生的成績，是一樣道理，這不僅完全關乎個人的才智。這話還應進一步來說明。

茅盾前十年的小說寫作，在章法經營上，是在模擬階段，直到「霜葉紅似二月花」，方完成他寫作的自我，擺脫了西方小說模式的拘束。後來的作家，由於受惠他們這些前人嘗試的開拓，或是模擬時期極短，短到只是習作之初始；或是，他根本不需要經過模擬這個階段，而是直接就進入了現代中國小說「寫作的自我境界」。

胡適、周作人、郁達夫等人所編的「中國新文學大系」這部書，正好是現代中國文學創作，向西方文學思潮與創作章法學步時期，抽樣作品的選集。人們但拿其中任何一篇短篇小說，與近三十年中華民國作家的作品稍加比較，就不難看出，只因中間隔著有二十年白話文發展以及現代小說創作藝術的發展，所產生的功能，後此的小說藝術，已經脫離開西洋文學的模式了——乃是卓然自立的現代中國小說之自我。

戊午新春拜年，向陳紀瀅兄提起上述的意見。

關於茅盾與老舍作品風格之不同，陳兄根據當年跟他們的交遊，指出說：這也由於他倆個性與生活環境，都大不一樣。我因說：茅盾的小說，創作最豐盛的時期，他的文筆，就是有些放不開。我指的是，他的「虹」、「三人行」、「蝕」——分開是三部書：「幻滅」、「動搖」、「追求」，乃至「子夜」。而現在咱們寫小說的朋友，很少手法拘謹，施展不開的。若有這種情形，那就是他的寫作，還停留在習作階段。習作階段是難以講究小說藝術的。

載民國六十七年四月「文壇」二一四期

現代小說的性愛描寫

大妹子童世瑜自加拿大來信：

這裏是自由泛濫，男女關係隨便之極。像美國女孩，上空，下著網眼褲，一目了然，慘不忍睹。這裏的大學，去年就有男女學生，在教室內公開表演做愛，任人參觀，宣言是「性愛可以反戰」，結果動員警察，才把這一夥人趕走，簡直是畜牲世界。這裏的電影，美國片還可以看，像北歐的、丹麥、瑞典的那就要有勇氣才能進去，非常大膽的暴露。像這些國家，再過三四年，女人對男人言，我看都沒有什麼興趣了，只要談得投緣，見面五分鐘就可以開始對脫。對我們中國人來講，太沒有情調。

這一段話是她主動提起，並非我們去信，有什麼問題要討論。一任原信文字，這裏絲毫不加修潤。童世瑜爲作家童世璋的胞妹，跟我夫婦爲表親。這位大妹子，不是守舊的人。在我印象裏，她始終是一個跳跳蹦蹦、任性好動的中學生，正如王藍「藍與黑」小說中的唐琪一樣性格，而她倆所處身的時代也正相同。如今，大妹子的孩兒，雖早已大學畢業，她的思想一點也沒有「阿婆型」，仍然還是三十年前的青春煥發。

她來信的這一段話，引起了我寫述本文的意念。

近半年來，讀了某期刊上的一部連載小說，是作者在美國所寫。以抗戰時代大江南北的鄉土生活爲題材，筆調活潑，描述深刻，氣勢吸人，是這十年來難得的佳構。我原想評論評論，爲之表彰。那知讀到結尾，這部作品的強烈氣勢，一瀉而下，欲振乏力，很削弱的不了了之。何以說它「削弱」？乃因其既然在故事、情節、人物描述上，一一有了展開，那麼，勢必須還得一番起承轉合，才好有所交代，歸於結束。也可以這麼說，此書還得伸張四分之一的結構，這部作品方見其筆力勻稱。

文章千古事，得失寸心知。也許，這位作者喜歡這樣神龍見首不見尾的章法，脗合了現代派的趨勢，新潮自許。或者，在心力的支撐上，他有點寫不下去了，這是我們經營長篇小說，臨到末尾常常發生的情況，幾乎每個作者都有如此「欲振乏力」的困境。藝文創造之事，首仗心力充沛。此心力則實由藝術的良知與不斷追求創作完美的情趣所構成。「情趣」二字，是說來好聽的，實際上，乃是要經過一番掙扎、苦鬥的努力，但卻並非情態勉強的筆致。

這部作品，分好幾期刊出，每期都必然有一段性愛的描寫，只不過並非赤裸暴露，有如「金瓶梅」；而是隱約的或明喻的繪影繪聲，有若「西廂」與「紅樓」。仔細考察，這乃作者有意的插述。因爲在整個小說的主題、故事、情節、人物以及色彩與意境的刻劃上，這是「不必要的描寫」。對於這部作品的完成，我以爲，作者但有耐性，他應將其未寫出的部份予以補足才是。

讀到大妹子來信所說的情況，方恍然大悟，這位作者的寫作環境，因置身西方世界，耳目所接，心意所感，筆下不免受到影響。好幾年前，另一位旅居彼邦的作家，所寫的小說，之所以也不免於這種「不必要的描寫」，不也因爲有這種性愛熱潮奔放的社會背景之故？

在中央研究院的傅斯年圖書館，我曾瀏覽過好多種清末民初手抄的唱本。皆屬講唱文學範疇，差不多每本都有「葷」的部份。這些唱本，有的專供說書的人作底本用，爲了他「吃開口飯」的生意經，不如此不能吸引觀衆。在北平，這種游藝場所，不論品級高的若東安市場、西單商場、或是較雜亂的天橋和什刹海等地，大家皆不歡迎婦道人家進場，才好口無遮攔。這種「葷」，究竟是市井鄙俗下流逗樂的玩意，說說聽聽，笑笑鬧鬧就過去了，大家不願意它見諸文字，付刊成書，那絕不可與文壇士君子風雅之作相比。就文學的語意看來，古往今來的文藝作品，必須有其「文」——修辭、道藝、美善、理法所形成的風雅。

美國朝野，如今翻然憬悟，不再容許社會頹風，推波助瀾。污濁的潮流，要受到沖洗了。高明的作家和高明的讀者，焉有不好清新之作的？

飲食男女，人之大欲存焉。往代聖哲，談文論道，並不諱言性愛的事。若「周易、繫辭」：「天地絪緼，萬物化醇，男女構精，萬物化生。」這「男女構精」，最直率的意義，應即是現代語言的「性愛」，唐、孔穎達疏，則說來有番玄理：

男女構精，萬物化生者，構，合也。言男女陰陽相感，任其自然得一之性，故合其精則萬物化生也。若男女無自然之性，而各懷差二，則萬物不化生也。

沈三白「浮生六記」，首爲「閨房記樂」，所述洞房花燭，足爲咱們診斷的佐證：

自吃粥被嘲，再往，芸即避匿，余知其恐貽人笑也。至乾隆庚子，正月二十二日花燭之夕，見瘦怯身材，依然如昔，頭巾既揚，相視嫣然。合巹後，並肩夜膳，余暗於案下握其腕，暖尖滑膩，胸中不覺怦怦作跳。讓之食，適逢齋期，已數年矣。暗記吃齋之初，正余出痘之期，因笑謂曰：「今我光鮮無恙，姊可從此開戒否？」芸笑之以目，點之以首。廿四日，爲余姊于歸，廿三，國忌，不能作樂。故廿二之夜，即爲余姊款嫁，芸出堂陪宴，余在洞房與伴娘對酌，拇戰輒北，大醉而臥，醒則芸正曉粧未竟也。是日，親朋絡繹，上燈後，始作樂。廿四子正，余作新舅送嫁，丑末歸來，業已燈殘人靜，悄然入室，伴嫗盹於牀下，芸卸粧尚未臥，高燃銀燭，低垂粉頸，不知觀何書，而出神若此？因撫其肩曰：「姊連日辛苦，何猶孜孜不倦耶？」芸忙回首起立曰：「頃正欲臥，開櫥得此書，不覺閱之忘倦。西廂之名，聞之熟矣，今始得見，眞不愧才子之名，但未免形容尖薄耳。」余笑曰：「唯其才子筆墨，方能尖薄。」伴嫗在旁促臥，令其閉門先去，遂與比肩調笑，恍同密友重逢，戲探其懷，亦怦怦作跳，因俯其耳曰：「姊何心春乃爾耶？」芸回眸微笑，便覺一縷情絲，搖人魂魄，擁之入帳，不知東方之既白。

「現代派」的小說寫作，一定在「不知東方之既白」這七個字上，大做其文章，決不肯這樣點到就是。

或有評論說，勞倫斯「查泰萊夫人的情人」，出版於一九二八年，乃是作者對性愛問題「誠實而清潔的思考」。不過，這本小說究竟享有怎樣的藝術品質呢？批評家就難得首肯了。

有識之士，更從「性愛可以反戰」的宣言，看到這種熱潮奔放，不僅只是青年的嬉戲胡爲，它背後，其實有那唱傀儡戲的提調啦，可惜自以爲站立於時代尖端的人物，難以曉知。陳紀瀅「華夏八年」所描述二十世紀四十年代的愛國青年，就有這樣的「前進」份子，不自知的誤上賊船，放乎中流而去。

總之，不管怎樣型態的小說作品，凡插入性愛描寫，即失其純淨風格。那是故意挑逗讀者，在全書的結構裏，往往是用不著的部份，若「西廂」、「紅樓」，也只點到即是，無需爲露骨描寫。否則，就自貶文品，也自貶了人品。當其逞著自己偏邪的激情，硬要這樣趕「時髦」，白紙印下了黑字，有朝一日懊悔了，要想拭去這一段污跡，可就毫沒有辦法了。即令挖掉自己的眼睛，也難逃良心譴責。

載民國六十年十二月「文藝月刊」第廿期

略談短篇小說

還是民國四十一年春天，偶然的機緣，我讀到依風露的短篇小說集：「聖心」。是作者自己出版的，列爲椰子叢書之一。讀過之後，好一陣喜悅。

我總覺得，寫短篇小說比寫長篇小說，要難得討好。長篇小說，可有各種不同的形式，像「十日談」，「少年維特之煩惱」，「愛的教育」，「約翰、克利斯朵夫」，「二十年目睹之怪現狀」，莫不是各有千秋，而筆法並不全合乎小說的格律；不像「悲慘世界」，「波華茘夫人傳」，「基度山恩仇記」，「戰爭與和平」，「三國演義」，「水滸」，「紅樓夢」，「京華煙雲」這些長篇，結構嚴謹，情節精彩。這兩種類型不同的長篇，雖然我們都欣賞，但究不如後者之純淨可愛。好像住房子一樣，後者是正常結構的房舍，處處使人感覺舒適妥便。

長篇小說，可從各方面來討好。或許故事，或以人物，或以情節、或以文辭，或以理道，不必面面俱能取勝。自然，面面俱到家，那是更好了，像「紅樓夢」與「基度山恩仇記」。就這種情形而論，長篇小說的寫作，要比短篇小說的寫作，少受些限制。這卻並非說，長篇小說比短篇小說容易寫作。原來，長篇小說的寫作，有賴於作者的魄力，工夫；尤其是對於一個主題持續寫作，創造的能力；還有，出版能力；社會的購買力與讀者的閱覽時間。以前曾有人說，二十世紀的工業化，人們生活緊張繁忙，難得有閒暇來欣賞長篇大著了。後來的事實卻並不如此，愈是高度的工業化，人們愈是樂意抽出閒暇，也應該愈能抽出閒暇。在文學欣賞上要閱讀長篇鉅製的作品，才夠味。像「飄」之爲美國人所喜愛，就是。再像徐訏的許多中篇小說，雖然無不博得讀者的喜愛，但讀書界更希望多讀他「風蕭蕭」一類的長篇，即令再長十倍，也是歡迎的。

短篇小說呢，在某種意味上，有如小食。口腹嗜好，人所相同，三五天裏吃一頓大菜盛宴，並不爲多；可是，常常的小食，更覺味道佳美。問題是，盛宴不必一定樣樣菜色都要適口；這樣不好，還有那樣，大有選擇餘地。小食卻必要求完全精美可口，湯是湯，飯是飯，成色差欠不得，它只有這點份量，稍一捨棄，就沒有了。這，所以使得短篇小說的欣賞，比較嚴格。

短篇小說，又像是一面鏡子，晶瑩光亮，一拿上手來照看，就可反映出事物的全體形象；它還要把人生思想、精神的內在生活，在這面鏡子反映全體形象的襯托上，很敏捷快當的，給我們一個顯明、深微的透視。這就不是一面普通的鏡子了，它要反映全體，它要照澈心靈。

有人以爲短篇小說是容易著手的，只要一個故事，安插下人物，寫幾段對話。沒有注意到結構，也沒有注意要用選精拔萃的筆法。時下在日報、期刊上所常讀到的短篇小說，幾乎大都是這樣的。於是，讀起來鬆鬆沓沓，沒有一個完整的意境顯示。

依風露這本集子，完完全全是規規矩矩的短篇小說，不是聽憑心意所之，隨筆寫成的散文。目前好多短篇小說，是只能當作散文來看待的。不像這本集子，有其一定的架式，嚴謹的結構，乾淨利落的辭句，總之，合乎短篇小說的手法。更難得的是，這集子裏八篇小說，主題所顯示的生活面很廣，既不是寫身邊瑣事，卻也不是專限在一方面的題材。標準寫短篇小說的作家，本當如此。

後來，與作者會見到，我讚美他的作品，很有莫泊桑的風格。他說，他就是喜愛莫泊桑。我想，這個看法，在今天還不算是瞎說的吧。莫泊桑的短篇小說，是最標準的。相信，再有十年的習鍊和創造，依風露的短篇小說，將是獨具一格，爲前輩所不及的。

具有寫作能力的人，不怕沒有題材，耳聞目見，俯拾即是。更何況這一個大苦難、大變動的時代裏，日日夜夜，方方處處，悲歡離合，酸甜苦辣，動人心魄的題材有的是，而莫不都具有永恒不衰的感動。

有了題材，又願下工夫，那麼，把握定寫作短篇小說的標準，像漁夫結網一樣的來著手，像杜甫寫詩那樣的多琢磨，不要依從那種什麼神來之筆，短篇小說還是容易討好的。在我看來，唐人小說和蒲松齡的聊齋誌異，就是這樣創造出來的。

我最難忘記，抗戰時期「時與潮」雜誌另外發行的副刊，專載政治性以外的文章。這副刊，每一期都有相當數量的文學作品，而一定有一篇令人十分激賞的短篇小說。那每一篇短篇小說，我常常咀味再四，愈讀愈覺得其品質精醇，意境完美。如同今天讀依風露的作品一樣，不斷的給我喜悅。

載民國四十三年四月「晨光」二卷三期

小說人物的塑造

心裏若沒有實在的人物做引子，寫小說的，在人物塑造上，必不免於虛渺之感。所以，小說作家筆下的人物，多半皆非憑空構想，總得是現實生活中存在過的，寫來才見生動。

民國三十一年初夏，我寫過一篇小說「一個兒女英雄的故事」，是以蘆溝橋事變前後，北平城的青年智識份子爲主體。那女主人公，漂亮、活潑、大方、熱情而堅忍，是學繪畫的。曾有這麼一段描寫：當蘆溝橋事變前夕，北平城，天氣既然燠熱，人心也極其浮動，像煮開了的稀飯一樣，噗哧噗哧的直要沸出鍋來——日本浪人以及其特務機關、軍隊，「高麗棒子」（按，這是我們北方社會，諷刺那少數不肖韓國人的稱謂，他失去其民族意識，跟隨了日本侵略者，爲虎作倀。），漢奸，白麵鬼，把這古城攪亂得不成樣子。日本軍閥彷彿已經「征服中國」了，那耀武揚威的日本兵，常常三五成群，腰帶刺刀，横排著隊，一字兒擺開，在東安市場這些市中心區跨著大步，故意找中國人的岔兒。就在這樣情況下，我小說中的那位女主人公，居然仍能安下心來，帶著她的畫具，去北海公園寫生，描繪那九龍壁，並無人打擾她。然而，這天卻接二連三的，有好幾批腰帶刺刀的日本兵來逛公園，自然，要看九龍壁，也看這畫九龍壁的人。日本兵似乎都懂得尊敬藝術，只是在走開了，才嘻嘻哈哈，指手劃腳，講說這麼一個大熱天裏，在此地畫畫的中國女學生。

好心的警察趕過來了，透著十分懇切的情意，說：「小姐，鬼子們不斷的來來往往，太打擾您了。天氣也太熱了，明日早上清涼些，再來畫罷。小姐，太陽初出的當兒，這九龍壁才美哩。」他再一哈腰，壓低了聲音：「說不定，鬼子會給咱們添麻煩，小姐，要是驚犯了您，咱可擔待不了呀。」

「好的，我拾掇一下，這就走。」

「眞是太對不起了，請多包涵，小姐，明早見。我會叫老王明天天一亮，特別先把這兒打掃乾淨。您畫上的九龍壁眞美呀！這北海的九龍壁，我們常年常月看慣了，那有你畫上的傳神。前兩年，也有先生們來畫過，就是不及您小姐畫得這樣活現，那龍啊，好像要從畫上飛下來似的。」

「您太誇張了，我才初學呀。」

第二天，好心的警察，期待了一上午，那畫畫的人沒有來。原來，她回家之後，不知起了怎樣的心意，把未完成的九龍壁之畫，幾剪刀撕毀了，卻拿起鉛筆畫起漫畫來，她專畫在北平城裏日本兵的臉嘴。此後，她參加了學生團體，到四鄉工作。……

我這篇小說，直寫到蘆溝橋事變，以後的好些關節：南苑作戰，北平陷落，平津學生大流亡，我與他們在大清河上相遇。永定河之戰，保定撤退。太行山的游擊戰，「八路軍」對於青年人的吸引，他對於民間武力的呑併，對於友軍的陰謀，終至，對於青年人的迫害——這還不過是抗戰八年當中第一個年頭，黃河以北地區的一些實況。這一切事態，皆我親身經歷，親眼得見，在小說的構造中，凡屬有關國家政治的骨節眼上，爲忠於藝術的良心，我毫無誇張描寫之處。可是，那特意向我徵稿的某主編，她卻不敢發表我這篇小說，以爲我的揭發是遭忌諱的。

這篇小說擱置了近三十年歲月，一直未發表。前幾年，加以重寫，也起了一個頭，卻未能終篇。也許是這女主人公的影子，在自己心意上，未免太飄浮了一些。

原因是，蘆溝橋事變之前，文字之交，我結識一位韋先生，北平相見，請聽戲，有他女友同道，一身米色衣裙，風致綽約，就這番印象，借來了塑造這篇小說中的女主人公。至於她那些遭遇，則是當時北平城熱情愛國青年人的共同感受。

所以，這個人物在我的寫作上，給我的壓力不深，不像王藍的「藍與黑」，那主人公唐琪之實有其人。但是，就這麼一次相遇，她的影子總在我心中浮動；而那個時代的許多苦難閱歷，那許多熱情愛國青年人之捍衛祖國，他並非軍人，卻比軍人更要勇敢犧牲，效命疆場，更有一部份給「八路」誘惑而去，後果悲慘，這種種切切，在我的寫作上，其壓力之厚重，勢非重寫此篇而不能盡去。

載民國五十六年七月「青溪」創刊號

理想主義的人物

大陸撤退來臺之初，一次桃園鄉下的講學會，方東美先生主講。他說起，要是哲學系的學生，能把所學的理道，了無遺憾的實踐於社會生活中，引起衆人的共信共行，國家就得救了。

無獨有偶，最近見到許恪士先生，說起哲學系學生稀少，感歎大家之追求「現實」，我因而發了一番議論。

我們討論到近來流行的一部小說「藍與黑」。作者王藍在本書付刊之前，以其集稿惠閱，曾提出一些意見，作者都很懇切的接受了。這部書，就我們歡喜讀長篇小說的人看來，還不算是太長；但比起十年來我們已出刊的長篇小說看來，那要算得是夠長的了。五個月內，三版發行，還加上有人翻印。這種爲讀者所歡迎的情況，在臺灣確屬空前。在其他國家，這當然不足爲奇。至於時間如何考驗這部書呢？我們目前之說好說歹，那是無關緊要的。但無論如何，作者可以感到安慰，他的心力沒有白費。

批評這部書的文章，我大都拜讀過。最近有位朋友，依個人愛憎（這是我們每個愛看小說的讀者，必有的感情和意念），指出書中女主人公之一的唐琪，未免太理想化了。我是偏愛唐琪的，故不以這意見爲然。

與許先生雖只是初次相見，我卻因此提出了深刻的問題。一向，我總認定，就是因爲理想主義的人物太少，我們這個社會纔顯得欠缺生氣。人都太爲柴米油鹽的瑣細所折騰，所以纔短視，無容量，缺定力，動不動就抱怨，嫉妒，洩氣，向現實低頭，弄得臉面蒼白，心力虛脫。

我所以一向主張小說中的人物，和現實生活的人物，都得要有幾分理想主義的氣質。否則，就文學說，失去創作的境界；就現實生活說，就活得沒有意思了。正如蘇格拉底的學生所自負的，願爲人而苦惱，不願做豬玀而渾渾沌沌。

小說中人物的創造，爲至善，爲極惡，爲尋常，皆少有現實人物照像式的反映，必是經過作者理想化的一番手法。使得小說中人物要較現實人生超越幾分，只要不「神化」，不「獸化」，這總是作家運用筆法，必定自自然然要達到的境界。

小說寫作是極辛苦的事，何以作者甘之如飴？如其說是由於其責任，不如說是由於把現實人生，付予理想化的處理，大感美學上的情趣所致。

日前午餐小集，李辰冬，魏希文，郭嗣汾諸兄，還有小妹子童鍾晉和作者王藍，都以我這意見爲然。于右任先生坐在鄰桌，雖沒討論到這問題，但根據近年來餐會上，他老所發表的詩文議論，可證其也必同意我這看法的。倒並非我這人，太好「理想飛揚」的調調兒。

我可以這麼說一句麼？小說中的人物，沒有不經過理想化的處理。誰能說賈寶玉完全就是曹雪芹他自己？少年維特完全是歌德？

文學的創造與欣賞，就在於有其理想的情致。

但有一點須辨明。理想主義與超現實主義，與空想主義是大大不同的。

載民國四十七年九月「晨光」六卷七期

小說創作的新境界

我們這個社會裏，職業作家少之又少，只得寥寥幾位，其作品，早已聲聞海內外了。他們的寫作歷史，二三十年不等。雖正當旺季，而據說，皆有種感覺，自身由生活經驗而來的小說題材，已近掏空的情境。由於這二十年來——例如有的人，他一直待在臺北。

臺北的生活圈很狹仄。當然，這是政治中心，又爲大商店、市場、夜總會、電影院最集中的地區。而且，文人薈萃。但作家們不大有興趣寫官場生活。此外衆生相，人人又皆太熟悉，正是目前電視短劇中所常在呈現的，搬弄出來，穿插上小故事，逗人開心而已。不足以翻騰讀者的心魂。

就一個小說作者說，除了他早已具有的準備條件，即是說：

1. 宇宙人生的感受與思辨。
2. 文字的充分表達能力。
3. 語言的靈活運用。
4. 「小說藝術」的掌握。

5.無休止的寫作熱情，以及恒常勤勞寫作的習性。

他但不停止其創作活動，就還得繼續不斷的生活、思考、閱讀、體驗、研究分析，方能孕育出新的作品，這就不僅止於局限在「自身由生活經驗而來的小說題材」裏，而受縛束了。

提綱絜術的說罷。

請華欣文化事業中心稍稍提調一番，這事就好辦得很。

咱們陣營裏，超水準的小說作者，極嚴格的揀選，先請出上十位來打頭陣。

給每人半年至一年時間經營，要求他好好寫一部長篇小說。

先得舉行協調會議，了解每人所寫的主題，需要蒐集那方面材料，要怎樣去體驗生活——例如榮家、醫院、農場、森林、漁業、魚殖、勞工處，乃至金門、馬祖、東引、烏坵，以及有關三民主義臺灣模範省建設的各項事業……讓他深入其中，一兩個月工夫，去多方觀察、感受、吸取。這種種多彩多姿的題材，乃是大大超乎臺北生活圈的外在世界，如此，必能使其寫作達到新的境地，而有合乎新時代標準的好作品產生。

須得預付稿費，使能安心工作。這樣，中華文藝月刊有了出色的作品，優良的文藝叢書可源源出版。

同時準備第二批、第三批的梯次作爲。

提這麼一個頭，請大家研究研究。不要讓我們新時代的小說寫作，老停滯在關門絞腦汁，煙茶咖啡提神，苦思苦寫了罷。

再說，二三十年後，但有歷史性的論述，拿這類小說描寫的事例，以爲見證，每比數字的統計分析，易於讓人體味，因其情境生動，有若身歷。這是好些哲學家、歷史家、社會學家，早就如此這般做過的。

載民國六〇年九月「中華文藝」二卷一期

「唐山過臺灣」的歷史小說

清初對於臺灣的統治，因爲鄭氏三代抗清復明的運動，北京朝廷總是不太放心的，極力禁止沿海人民到島上來；但是，福建漳州泉州和廣東嘉應州的居民，爲了「臺灣，錢淹腳目」，仍然不斷渡海踴躍而至。此諺謂臺灣好尋錢財，與大陸上「東三省，錢沒腰」，同一意境，更與北平諺語的「銀子錢，漫腳面」，同一比喻。臺灣諺語，還有「第一好，過番；第二好，過臺灣」。番，指南洋。林衡道「臺灣的歷史與民俗」說：

爲了維持臺灣的治安，清廷設臺灣鎮，由總兵統轄，警備區共分府城、南路、北路、安平、澎湖等五區。就是這樣還不放心，對福建和廣東住民渡海來臺的人，加以種種的限制，極力防範臺灣人口的增加。雖然有限制移民人數，禁止移民攜帶家眷，禁止廣東移民入臺等等的政令，可是苦於耕地狹小，戰亂不已，饑饉連年的福建漳泉二州和廣東嘉應州的住民，照樣從大陸一大批一大批排山倒海般地闖進臺灣。由於鄭氏一族是出身泉州南安的關係，所以當初臺灣泉州人占極大的多數，而且居住在肥沃的平原上、大都市裏、港灣附近。到了清代初期，漳州人和廣東省客家人，也陸陸續續地來到了臺灣。可是這些後來者，就不得不居住在一些土地比較貧瘠的地帶。就因爲這些緣故，所以到今天，本省人說泉州話的遠占一半以上，其餘的是說客家話或者漳州話。

讀者至此，但掩卷沉思，彷彿置身在三百年前，看見那些農民們、商人們、漁民們，還有準海盜的江湖人物，他們自福建廣東，乘著帆船，飄過臺灣海峽來。有時是晴明日子，海上風平浪靜，但也多半遇風雨，而黑暗的大海上，總覺得有鯊魚群圍繞著船，民間常傳說，大魚會把船從海面上頂扛起來哩。總之，海上生活，絕非內陸江河航行那樣風光，頭一件事，潮浪翻騰，使人們少有不暈船的。可是，當時臺灣的情況：土地肥沃，海運發達；而生蕃殺人，疫病難治；而「媽祖靈應」，她庇護中原人民到這待開闢的地土上來；還有許多前人移殖過來的成就，某也創家立業了，某也大大發財了……這些情況，給闖世界的人們異常大的吸引。林著中對這種種情況，爲歷史的回顧，娓娓道來，無不如數家珍。當然，也有那不幸的開拓者，客死異鄉，暴骨荒野。

假若有人一如林衡道，對臺灣的歷史與民俗，有通盤了解，大事小事，皆能有所識見；又能到往年歷史遺蹟的各處實地踏訪，憑著：

文獻資料

口頭傳說

滄海桑田的實地印象

發爲文藝上的想像，描繪二百年前人們「唐山過臺灣」的情況，豈不是極有意思的小說寫作。本省年輕的一輩，筆力剛健的男女作者，非爲少數，可有人注意於此？十多年前，林海音的一篇散文，庶乎近之，那是就郁永河「裨海紀遊」一書發爲議論，題爲「由臺灣溫泉談到二百年前一位探險家的故事」，其中有幾句說：

> 整個臺灣的歷史本來就是一部墾荒的歷史，從蠻荒瘴厲的島地，直到今天的臺灣，其中盡是我們先祖飄洋渡海、勇敢、冒險、刻苦的精神的表現。當我們躺在北投溫泉鄉的最新式的磁磚浴室裏，享受著滑膩的溫泉的浸泡時，不妨想一下二百多年前郁永河到今日的北投一帶採硫黃礦的故事。（文載「民間知識」百期紀念專輯「臺灣風土文物」，民國四十五年九月版）

林海音大姐還曾發表過三幾篇以臺灣近代歷史爲背景的小說，但願我這記憶是並不錯的。地方戲曲裏，雖不乏「周成過臺灣」的搬演，鄭成功的戲，更是近十幾年來演得最多的了。可是，戲曲裏，關乎近代臺灣拓殖的細部情態，那是缺乏描繪的。

載民國五十六年七月「新文藝」一三六期

後記

吳瀛濤「臺灣民俗」，全書二十章：歲時，祭祀，家制，生育，冠笄，婚嫁，喪葬，俗信俗習，衣食住，工藝製造，音樂，戲劇，遊戲，猜謎，地名，民俗薈談，地方傳說，民間故事，民間笑話，山地傳說，民國五十九年元月，古亭書屋版。此書頗多「唐山過臺灣」的素材。吳氏續要出版的書，是臺灣的歌謠、諺語。

民國五十九年三月十五日，朱介凡記。

報導文學跟長篇小說

文友共願

首屆榮民節，謹陳述這個願望。

願榮民報導文學，百花競放，爲大時代的反映，作歷史的見證，在中國文學史上，留下極重要的篇頁。

咱們這一群既拿槍又拿筆的朋友們，當年犧牲奮鬥，喋血疆場。既經退役，可並沒有逍遙山林，閒暇自在，反而人人比在營更加忙碌，無分晝夜，勤力寫作，絞腦汁，嘔心血。筆下經營，時而天馬行空，豪情萬丈；時而又如螞蟻尋食，行動細微，不爲人所覺知。那個書獃子，他又在發什麼癡呀？常常半夜三更，別人睡了一大覺醒來，卻發現這朋友屋子裏燈還亮著，寫作興濃，澈夜未休，並非爲方城之戲。

這群朋友之開始寫作，多起手於青少年時代。養成寫作習性，打下了寫作的堅實基礎，是當其在營服役時期。不斷發表，文名爲世所知，自也是在營時期，青春煥發的年代。如今，自然是老大了，但由於軍人戰鬥生活與文學寫作生活的鍛鍊、陶冶，咱們這伙朋友，心境倒是十分年輕，熱情、興趣，不減當年。

思想早成熟，寫作也早圓通。如今，咱們寫一個字就是一個字，當然，並不故步自封，還在不斷學習，繼續多方爲精神上的吸收，（鐵幕世界，無不民有飢色、自由世界，老少都怕多吃美餐）以充實自己。爲了不使自己的作品，蒼白無有血色。

榮民報導文學

憑著這些情況，假如有二十位作者，樂意用兩三年時間，有計劃的，一系列的，以從事榮民報導文學創作。

戰陣生活，有其人生非常的經驗。軍人遭遇，無論平時戰時，有其平常人所難有的經歷。這種種切切，永遠銘刻於當事人的心底，好燦爛輝煌的，百般傳奇的情節。

假如你駐入某一榮民之家，以一個月時間訪問，所蒐集到的題材，半年也寫不完。北伐，抗戰，戡亂，這五十多年，每一個歷史階段，每一個艱苦戰役，死中得生，老兵還有得是哪。

陸軍在南北各戰場，還有敵後游擊部隊的報導文學以及小說作品，這二十多年，我們己看到不少。只要盡情發掘下去，還有寫述不盡的人物故事在。

這兒，我願特別指陳有關海、空軍方面的。

海軍抗戰之悲壯

咱們海軍作戰，最爲悲壯。由於遭受敵軍空襲以及海軍戰艦力量之難於對比，在淞滬，僅能以快艇偷襲，射擊敵艦。據史政局「中日戰爭史略」所述，民國二十六年八月，爲封鎖江陰，先後共沉堵大小軍艦及商輪三十五艘於江中，而平海、寧海、應瑞、逸仙等主力艦，嚴陣以待，與敵機相持三十餘日，先後也被炸沉。後續支援救護的兵艦建康、楚有、青天、湖鵬、湖鷹也都被炸沉沒。

後來，爲保衛大武漢，封鎖馬當，海軍艦隻與民間商輪，更有不少下沉江底。海軍官兵之挺戰，勇壯艱苦，其拘受了艦船的限制，景況大可想見。而閩粵海面的戰鬥，又大不一樣。其後，敵軍進入內陸。我海軍健兒，都成陸戰隊了。可卻跟搶灘的戰鬥，情況不同。

總之，八年抗戰，有關海軍的報導文學，亟須今後的大作爲，以補足前此的稀少缺失。這方面，海軍總部和史政局，大有付予協調的必要。

中國的空軍

空軍的報導文學，「中國的空軍」上，儘有許多線索。據葉逸凡「憶舊游」（這正是一本空軍報導文學的優良作品）所述，廿七年春，「中國的空軍」創刊於武漢，時敵機狂炸，我空軍繼續發揮「八一四」初戰精神，以劣勢兵力屢創空戰的勝利。在武漢輪渡上，這本激奮人心士氣的軍中期刊，幾人手一冊。這年秋，我從太行山敵後，於孟津北岸渡河赴洛陽，一上火車，初見到的後方讀物，就是這本書。抗戰期間，許多青年朋友之投身空軍，幾乎全是受「中國的空軍」吸引——就憑這一點，空軍報導文學即有上百萬字的文章好寫。探詢空軍將士之初入空軍，初受筧橋精神所感召，初戰心情等，就是說他當空軍一切一切事情之初，像初食高空伙食，初著飛行軍官制服出營休假，乃至初次的空中飛機障礙等等。

中國空軍之建軍，筧橋精神不可不特別提說。

中美空軍混合大隊的時代，也是要報導的主題之一。如今好些美國朋友，但凡到臺灣，總四處尋找老戰鬥伙伴，津津樂道當年。老美們跟中國人比肩作戰，中國人之忍耐、勇敢、犧牲、禮讓、智慧，以及也有牛脾氣發作的時候，許多事無不出他意外。

敵機轟炸了全中國

抗戰八年後的敵機轟炸，不知造成多大的損害與悲慘，遍於全中國。就說重慶「大隧道慘案」罷，如今事隔將四十年，官書記載，說死者千餘人耳。所有事後我所見到的文字記載，其估譜說法，皆是大大的多於此數，而數字不一。

但蒐尋到抗戰八年南北各地的報紙，就其所有記載當時敵機空襲的專題特寫，何僅以百篇計。我要說所有官方發表抗戰時敵機轟炸，全國所損失的人命、財物統計，都是太保守了。您說，榮民報導文學，這方面是否太不應忽略。

榮民建國事功十大分析

虧得那天司馬中原提起，榮民參與國家十大建設的事蹟，其可歌可泣之處，乃是報導文學要特別著重的目標。司馬那天另有要事先走了，未往深裏說。我不妨於此列述列述。

1.咱們前一階段，執干戈，衛社稷，主要是實行民族主義。參加了這三十年的臺灣政治、經濟建設，則是實行民權主義和民生主義。

2.這三十年來，六十萬榮民的功業，可比在營時代，表現得紛雜多姿極了。有人在鄉公所、區公所、兵役科工作的，也有不少省議員、縣市議員和中央民意代表。據我孤陋寡聞，臺北市政府任局長的，就有好幾位榮民朋友，他們是抗戰時期進陸軍官校的，現正當春秋鼎盛之年。肚子裏，都有說不完的故事，百十個如巴爾扎克那胃口奇大的小說作家，也用不完這幾位朋友提供的素材。

世界上最好的水蜜桃

3.榮民之創業，三百六十行，海內外，簡直不勝其敘說。大多通過了失敗，慘淡經營而挺住，而大大開展。咱們有三幾位文友聚談聚談。就可提出許多意想不到的人物、故事。一如外國人士在臺灣考察，那怕只有半個月時間呢，他會不斷覺得出乎意外，想不到這美麗寶島三十年來的發展——例如七月間上了梨山，你會吃到世界上最好的水蜜桃和蘋果。

黎夫子治周易

4. 榮民之分布社會各個角落，眞是三教九流，無所不在。在儒家學說的研究，比如說講易數的黎凱旋教授，他所承受的周易絕奧之學，乃少年時代受教鄉學究，於潛伏胸臆三十載之後，當他退役下來，經過一番探索，居然大有發明，於大學數學研究所屢有專題講述，學者莫不驚爲「極高明」（華山西峰絕頂刻石）。想不到許多高深數理，易學有其活辯的律則，也是方程式，高小學生一習即曉，而高級研究所的博士研究仍許其深微探討之興趣，愈探討愈覺其無有止境。臺北文化大樓的易學講座，黎夫子爲主要教授之一。他詩詞歌賦，散文、小說寫作，筆力健實，只是現在無暇爲此了。環繞著他，下力於易學研究，除了年輕的大學生、研究生、教授之外，還有一半是榮民朋友，三軍退役將校以及士官皆有。

5. 和尚、道士中有榮民。牧師、神父，也不乏榮民朋友。皆是生活體念極豐富，而學養

也高。要是有那麼幾位，來篇把報導文學。這種文章，定會讓教皇也要驚異。

醫師好文才

6.中西醫師，有不少榮民朋友。報刊上看到，業已有百分之一二，偶而寫寫報導文學。若有人去發動鼓舞一番，定有美好文章出世。單只榮民總醫院以及不少私人開業的，就有不少大手筆。十位醫師九位有好文才，惜因病患多，佔盡了他的時間。醫師對人生體察，有許多地方，是哲學家、心理學家、小說作家所難及。

7.在教育界，上自研究所的教授，下到幼稚園工友，各級學校都有榮民朋友。這樣的教育工作者，不純然是書齋鑽出來的，他方能如孔夫子之「多能鄙事」。不論那一門學科，其實踐性的學養，方能處處達於上乘。

8.江湖，甚至香港難民，「越南難民」，乃至海外僑領以及國際的流浪漢，這其中也不乏榮民朋友。要是他們來一番報導文學，豈非筆筆血淚，篇篇驚人心魂。

平實核算一千二百萬字

9.收攏了視線說。光是輔導會所經營的事業：農、林、漁、牧、工、礦，以及海外的國際技術援助。每一類型的，若分別有兩位作家，從事報導文學的採訪與攝影。天呀！

一兩年時間，其圖文並茂的作品豐盛，就太教人嘆爲觀止。試平均每天以兩千字寫作量計算，而工作日，每年只以三百天計，兩個人一年時光，從從容容寫，得一百二十萬字。那麼，這各個類型，按少裏算，以十乘，是一千二百萬字哪。請踏實核算，朱某這樣說法，有無絲毫誇張？只是從前無人往這方面設想罷了。或有人說那麼多事可寫到筆下來？答：其一、人和事的，個別的特寫。二、鳥瞰的、一般的、綜合的報導。三、凡是一位作者，都有他獨特手法，自會捕捉到別人所不曾注意到的題目。四、作家的「靈感」與新聞記者的「新聞眼」。這四方面，僅止是第一項，就有發掘不盡的題材。

抓綱領

*10.*總之，這卅年來榮民之分佈於各行各業，遠非國軍人事專長分類那些類號所能包涵，下起手來，豈非頭緒紛繁，一團亂絲似的。不過，咱們從兵學、軍營生活，戰場指揮，早已學到了馭繁於簡的方法、手段，那就是凡事抓綱領，人衆裏找主流，對敵人集中目標攻擊，雖然有伴攻與大迂迴。

把榮民前一階段與後一階段的事功，如上述，一一攤開來，就像沙盤演習似的，可以綱舉目張，提出榮民報導文學的預擬表。再經研究，會商，而策定可行方案。

口述錄音

還有種情況。他身居要津，百分忙碌，他的戰鬥經歷，生活經驗，都非常人所及。這應該採口述錄音的辦法。稍一考慮，咱們就可列出口述者的名單來。要有幾個人專做此事。

舉一反三，不必多說。

文學史、目錄提要

希望能有一位朋友，決定這樣的意願，以十年時間，蒐錄半世紀榮民報導文學作品，寫一部這方面的文學史出來。

先要蒐集已有作品，單篇與書冊。如今複印機利便，可於中外圖書館並私人藏書中儘量調借複印。用費自是可觀，得有那一方面來支援。

要先編纂目錄提要。包括作者，篇名、書名，字數，開本，頁數，發表時地，出版者，期刊卷號，提要。務必建立目錄卡。爲使檢閱利便，頂好有三種卡片櫃：書名卡，著者卡，分類卡。書名卡是基礎。後二種，則用處非常非常大，比如要調出劉毅夫、公孫嬿、尼洛所有報導文學作品，或是要調出所有衡陽戰役，或是東北戡亂四平街戰役的報導文學作品，或榮民遠洋漁業，或國際技術援助的報導文學作品，皆可一索即得。

專業圖書館

或許朋友以爲我要爲圖書館拉生意。其實，古今來凡從事寫述者，誰能不依靠圖書館。司馬遷就因依靠許多典藏，才能下筆的。

也許，這方面已是水到渠成，早有建立這樣一個專業圖書館的必要。好像道藩文藝圖書館一樣，它規模極小，但專業性的功能頗大。

長篇小說大經營

由報導文學的發展，自必有才氣縱橫的朋友，據以爲長篇小說鉅大結構的寫作。只因報導文學務要記述實況，但卻是出之文學描述筆法。一個忠於報導文學寫作的人，絕不會如寫小說一樣，神遊太虛幻境，盡量塑造其人物、故事，爲百分之百的創作活動。這個寫作領域，和其他寫作之要感受許多限定，那是不大一樣的。經過了這一段途程，朋友們的大結構，就有了大的超越，其作品，必定媲美大仲馬、托爾斯泰和漢明威而無疑。十年後，信能證吾此言。

「小說寫作藝術」專欄

「中華文藝」何不特闢幾個專輯，請朋友們談談小說寫作藝術，談談寫作上的體認，方法的尋求，原則的掌握，「技術」的修爲，以及寫作上之信馬由韁，以及相反的循規蹈距。愈寫而才氣愈盛，或是尾大不掉，收束乏力，種種甘苦呢。

歷史文獻作為

報導文學不要忘了歷史文獻的作爲。攝影圖片傳眞，十分需要。例如民國三十七年、五十七年、六十七年的臺北火車站，用文字記述，非千百句描述所能說得清楚，但如有當年的三張照片相對照，豈不一目了然。再就是歷史文件，能一併加以蒐集，也是很要緊的。比如說金門砲戰時候的作戰命令哪，戰鬥要報哪，官兵日記、書信、雜錄……現在不是百分珍貴麼。

中秋興感

民國六十八年中秋，寫此文，無限欣慰。現在只等待吃晚飯，看月亮了。日前四十幾位朋友，預談榮民節的事，此時此刻，必也有朋友爲「中華文藝」寫專文也。很抱歉，漫泛寫來，超過鄧文來老弟邀約文稿的限定。自信懇切進言，未說廢話。半年後，請連續不斷的，欣讀錦繡篇章。榮民心神所聚，凡一莫非血淚。

民國八八年十一月「中華文藝」一〇五期

中國海洋文學的創造

早年，有一部通行全國的高中本國史，論到歷史的地理因素，提出一句諺語：「山性使人塞，水性使人通。」中國雖是大陸國家，海岸線卻並不短，只以海禁未開，有了十九世紀落伍於西方的事實。這樣，有識之士，提起一個問題：中國人需要海洋生活。

其實，就我們華僑飄洋過海的歷史說來，中國人之有其乘長風破萬里浪的生活，實不僅是從三寶太監下南洋開始，從孔夫子所說：「道不行，乘桴浮於海」（論語、公治長篇）的話，可知中國人很早就有海洋生活。

這裏，想談談海洋文學的問題。

古代的「山海經」，近代的「鏡花緣」，是以海上奇談的意趣來構寫的，自不是我們今天所需要的海洋文學。就小說創作而論，要當如羅狄（一八五〇——一九二三）「冰島漁夫」和漢明威的「老人與海」這類作品。

我常想，一個老水手，如果是細心觀察海洋生活的，對上述兩部海洋小說，必然會有不滿意的地方。此無他，心情的感受，局外人總必隔著一層。水手雖是以海洋爲家，但他常常盼望陸地，「魯濱孫漂流記」當是一個顯例。因此，必然要了知飄蕩海洋和熱戀陸地，乃是水手生活的基本情調，憑此情調，爲文學上的構想，斯能抓住創化的中心。

關於這些概念上的問題，說到這裏爲止。以下，就實際情況，提出幾點不成熟的意見。

海洋文學的需要，是誰也知道的事。

主要的，我們要問，誰來做呢？當然是作家的責任。

要是依照先生活而後寫作的原則來說，一般作家，在這方面，是極其缺少海洋生活的經驗。所以，我纔與依風露兄談到，如何使海員朋友們從事寫作。

凡長年長月在海上行動，其最善於打發休閒時間，或者是爭取時間以調劑生活的，應是文學和藝術的欣賞和創造。玩牌、下棋、飲酒、談天、睡大覺，當也不失爲消遣；甚至有的人，除了工作之外，盡量的蓄積精力，準備一旦棄舟登岸，就去胡鬧一番，且以爲這樣做纔不失水手本色——人各有志，這樣的朋友，我們不打算於此討論。

我們想要說的，如何求得人生永恒的價值？海洋生活，自屬人生永恒追求之一。而海洋文學的創造，尤其是永恒中的永恒。羅狄的海洋生活早已成過去，他所乘用過的船隻，更已不復存在，但是「冰島漁夫」這部作品，卻已歸諸不朽了。正是歌德名言：「人生朝露，藝術千秋。」

我們文學界的長者吳宓教授，嘗喜歡自勉並以勉人：凡有志於文學創作的，一生之中當寫一本詩和一部小說，前者抒發主觀的感情，後者記述客觀的經驗。

那麼喜歡舞文弄墨的海天朋友，你是不是常有寫詩、寫遊記、寫小說的意願？乃因深深承受著自己感情與經驗的慫恿。我以爲「航海通訊」，太應該闢出園地，就我們「中國海洋文學」的創造提出討論，指示方向，輔助進行了。

怎樣進行？無妨邀幾個同好談談——而依風露兄要義不容辭的藉本刊來號召，我極樂意於打邊鼓。

載民國四十七年八月九日臺北「航海通訊」

談人物傳記

一 從鄒魯的回顧錄說起

民國三十一年夏，長安鄉居，揮汗讀書。我斷斷續續的讀完鄒魯編著的「中國國民黨史稿」。兩年後，仍在夏天，又讀他的「回顧錄」，這是被列爲「傳記叢書」的；還有「二十九國遊記」，大約也是在那時讀的。他這三部書，把中國近代革命運動的史實，二十世紀天下大勢，列國社會現況，及一個苦鬥、力學、公忠爲國革命學者的經歷，給我們娓娓而談的敘述出來。禁不住讀後的興奮，我寫與鄒先生一封信，主要內容是：

1. 請他把黨史稿從民國十四年以後，繼續的編述出來，不必「因以後黨務紛歧，著者身在漩渦，留爲他人記載。」（史稿凡例一）

2. 個人的回顧，也請他一直寫下來。

3. 希望他在戰時的首都，鼓吹一番，要那些應該寫自傳的人，多多的寫傳記。

鄒先生回我一封長信。其主要論點，我還記得清楚：

1.非常同意我的看法。

2.但是，中國人哪，忌諱太多。不管是自己寫自己，還是爲生者或死者來寫他人，總歸是不能暢所欲言。不僅是只好隱惡揚善，你即令是一味恭維人家，也會是引起誤會和麻煩。爲圖眼前清淨，大家只好是盡在不言中了。

二　胡適的意見

胡適先生，三十年來，最熱心提倡「傳記文學」。他認爲當世諸公，尤其是老一輩的人，當有完全的自傳留下來，如梁啓超、蔡元培、梁士詒等，並且一再勸促他們這樣做。我們很能記得，當蔡元培先生逝世前的那十年裏，常聽到有關這類事情的傳說：可惜，未能見諸行事，老成已經凋謝。

胡先生率先躬行，寫下「四十自述」，跟著又發表了「留學日記」。他這本自傳，文筆簡潔，比起同時期及後來在抗戰當中國人幾部自傳的內容，不免有語焉不詳之感，教人讀不過癮，難以接觸傳主靈魂的深處。在作者，當然也就未能寫到淋漓盡致的地境。想是胡先生要急於倡導，來不及多花工夫的原故。如今事隔二十年，也許他已有深入的寫述了。這是比旁的寫作要重要得多，也有興趣得多的事情，胡先生，何樂而不爲？想起二十年前，葉青先生以煌煌五十萬言，寫下「胡適批判」，風行一時，而被批判者對之以沉默，實在是太見雅量了。

今天，胡先生假如下力寫一部自傳，如他之期許於別人的。我想，這在中國近代學術思想的清理，歷史事件眞相的揭露，以及反共抗俄，復國建國的理道之指陳，都必可最能「拿出證據來」！

胡先生曾說：『梁士詒在當時，社會上對他毀譽不一，我曾經勸他寫一部自傳，將他所經歷的事情和所知的材料宣佈。我說：「你的自傳不一定能獲得人們相信，但是，它總給你一個機會，讓你說明自己的立場和動機。只要你赤裸裸的寫出來，不管人家信不信，你總能給未來的歷史留一份資料。」但是，他畢竟沒有寫下來。而影響中國文學思想達數十年之久的梁任公，他在五十餘歲的壯年逝世時，也沒有留下他的傳記。丁文江曾擔任起爲梁任公寫傳記的任務，廣爲搜集資料，並請人整理，寫出長篇初稿，油印了數十份徵求友人們的意見，準備修正後作爲定稿；不幸國家多事，連年動亂，梁任公的傳記定稿未成，而丁文江又逝世了。』（見民國四十二年一月十三日中央日報，胡適在臺灣師範學院演講：「傳記文學」。下同。）這一段話，不知會引起我們多少人的感慨來，老一輩的人，更將不勝爲之唏噓。最近，政海人物吳鐵城的逝世，就是最有此遺憾的。他正在著手寫「四十年的中國與我」（民國四十二年十二月，華僑協會總會刊行：華僑問題論文特刊、祝秀俠：「悼述鐵老二三事」）以爲必可對中國現代史，提出許多資料來呢。

胡先生這個演講，還有些意見，是我們討論本題所不可忽視的。

1.希望大家就個人範圍內，養成愛寫傳記，搜集傳記材料和愛讀傳記的習慣。

2.紅樓夢，也不過是曹雪芹的傳記。

3.他指出，中國二千五百年文學史中，最不發達，最缺乏的是傳記。我國傳記多是小記，如史記、漢書、後漢書、三國志內，都有不少材料，但是都太短。如史記中項羽本紀，叔孫通傳等，都很有趣味。又如漢書中趙飛燕傳，亦極詳細而有趣味。三國志，晉書裏的傳記，也都極好。可惜晉書是數百年以後纔寫的，加入了許多小說式的傳說。這些書開創了我國傳記體裁，不幸這種體裁都因爲限於史書的篇幅而太短，造成我國傳記文學之一大缺點。同時，因爲材料太少，對於一個人的人格、生活、狀貌、行爲、道德都不翔實，而可作爲傳記材料的個人紀錄。如日記，公文書等，又多失散。這是傳記文學中一大損失。

4.此外，尚有一種實爲傳記而未標出傳記之名的，是言行錄。這種東西往往極有趣而較傳記更有價值。我國最早的言行錄是論語。論語不是一部聖經，乃是孔子的弟子將孔子的言行以當時的白話文記載下來的。因爲以前記載文字的工具不完全，所以往往用最簡單扼要的方式表達，僅有骨幹而無血脈。直到春秋時，才開始有完全的言行紀錄，將虛字，口語加入。這種記載方法，在詩經的國風、小雅諸篇中即已開端，而在論語中纔見發揚，而爲完整的記錄言行之始祖，可惜後來少人繼承這種作法。這類書，在歷史中不多，僅「禪宗和尚語錄」採用這種方法，用極通俗的白話記錄，雖然記言多記行少，但確留下一批歷史的史料。後來理學家如朱熹、王陽明等，亦均有白話記載之語錄。這些是傳記文學中較好的。不幸的是在我國歷史上平常講的話而有人詳詳細細記載下來的極少，所以中國歷史上少有長篇偉大之傳記。

5. 比較一下西洋情形，又如何呢？

在西洋，則有長篇偉大之傳記。如蘇格拉底之言行，曾由他的學生柏拉圖等編寫，爲數十本戲劇，成不朽名著。而其被告入獄，直至行刑時之種種對話，亦由柏拉圖寫出，成爲極美、極生動、極有趣、極感人之傳記。耶穌之門徒記下耶穌之言行，而成爲聖經中之四福音。鮑斯威爾記錄了文學家約翰笙之言行，而寫出約翰笙傳，創傳記之新風格。前美國總統林肯，逝世至今已九十年，而九十年來幾乎每年均有加入新材料之林肯傳記出版。科學家巴士德的傳記，由其女婿所寫，我曾讀至深夜而淚濕書本，其感人之深，由此可見，也就是西洋人格教育之所以容易灌輸的道理。傳記文學之影響社會如此之大，而中國雖有可感人的人，但缺乏感人的傳記，這不但是文學上的一個缺陷，同時也是教育上一大欠缺。

壽堂按，這裏，我必須補充幾句：

傳記文學的缺欠，也更是我們中國歷史和史學上最遺憾的事。而就是在國家政治上說來，也是一件極見缺陷的事：毀譽交半，構成人物，掌權者如多得他人了解，不是可以在其施政上化阻力而爲助力嗎。「笑罵由他，好官我自爲之」，是要不得的。再說，政治作爲上如老是存在著誤解，必使爲政者難以全心全力推行政事；反而不得不走冤枉路，白費力氣，委曲求全，啞巴吃黃連的把大好精力去做一些與政務無關的事情，豈非所失者大！這是我們讀中國歷史，常常爲之拍案興歎不已的。

6.中國「傳記文學」，何以不發達呢？胡先生指出三點原因：

第一、政治與社會的忌諱太多：寫傳記一定要沒有忌諱。顧忌太多，便沒有辦法寫生動可靠的傳記。例如中國古代帝王中像：漢高祖、漢光武、唐太宗等，均有了不起的事蹟，原可寫成偉大的傳記，但是，多因爲政治上的忌諱而沒有一篇長篇的傳記。又如曾國藩之傳記，粗看起來，似乎相當詳細，但是與他本人的已經刪節了的日記對照，便又發覺仍然很不詳細。由此可知，我國過去專制政體下，忌諱很多。社會中忌諱亦多。在材料不足的情形下，加以許多忌諱，不敢赤裸裸的寫，自然不會有偉大的傳記產生。

第二、缺乏保存史料的公共機關：美國威爾遜總統逝世後，由貝克爲之寫傳記，曾由美國陸軍總長白克以七架鐵甲車自威爾遜夫人處裝載資料送與貝克參考，僅此一處之資料，即爲我國寫傳記中所望塵不及。而我國古代，無論私人或團體，均無此種保存傳記資料之設備和風氣。

第三、中國文字太難：我國之語言，極爲容易，而文字卻十分艱難，以艱難之文字，記述活的語言，很不容易，所以傳記文學大受影響。前面說過，論語是用活的文字記載，禪宗和尚語錄及朱熹、王陽明語錄，均用白話文記錄，所以成績較好，但是白話文比較起語言來仍然不是容易的。而傳記必須寫的生動，活躍，所以，用艱難的，死的文字，不能記出好的傳記。

7.最後，胡先生說：我要提出我所知的，二千五百年來有趣的二部傳記。這兩部書在中國文學史中是了不得的，一部是「羅壯勇年譜」，另一部是汪輝祖「病榻夢痕錄」和「夢痕餘錄」。這兩部書都有過人的特點，汪氏著作中我們可以查出當年的物價，銀價，當時法律實施情形，宗教的信仰；這一部書是經濟資料的寶庫，也是司法界的信史。汪輝祖其人，自十七歲起，在衙門中當幕僚，有如現在的法律顧問。三十九歲時成了進士，在湖南某地任知縣。書中將其爲幕府及爲政之經驗，及其對宗教之信仰，一一詳述。羅譜則是以白話赤裸裸的記述一個頑童，逆子當兵打白蓮教的事實，對其少年頑劣而被族人活埋未死，以及從軍以後，缺糧宰食俘虜數千人等事實，毫不隱瞞的記出來。

三 中國歷代傳記的寫作

我國歷代傳記的寫作，一如胡適先生所述。概括說來，傳記寫得並不少，但都只是小傳，不足以描貌每一個人物活生生的，完整整的生平事蹟及其心神狀態，少有如西洋人之傳述莎士比亞，牛頓，歌德，拿破崙，林肯的。自史記以至民國史，二十六史浩如煙海的記載，其中大部分是傳記。即以史記一百三十卷而論，除八書：禮、樂、律、曆、天官、封禪、河渠、平準之外，其十二本紀，十年表，三十世家，七十列傳，莫非人物傳記。「漢書」以至「明史」，人物傳記也仍然佔了大的篇幅。

正史之外的方志，可說是中國歷史著述中最浩漫繁多的部份。新修「臺灣省通志稿序」說得好：「方志爲我國史乘特有之輔翼，世界各國觀正史及此，而歎中國史學發達之早，非他國所可得而及也。」

方志編纂的體例，容有不同，但人物列傳，則是任何一種方志之中所必不可缺的部份。如「臺灣通志稿十一部門：土地、人民、政事、經濟、教育、學藝、人物、同胄（山地同胞）、革命、光復、匡復（匡復大陸之現階段）；再加卷首列圖表，大事記，史略；還有卷尾，列志餘，資料，索引。這其中，人物志是不必說了，其他各篇裏，也有不少人物傳記資料在。

再如民國三十三年編修的「陝西洛川縣志」二十六卷。*1.*大事年表。*2.*疆域建置志。*3.*

氣候志。4.地質志。5.山水志。6.人口志。7.物產志。8.地政農業志。9.工商志。10.交通志。11.吏治志。12.自治保甲志。13.社會志。14.財政志。15.軍警志。16.司法志。17.黨團志。18.衛生志。19.教育志。20.宗教祠祀志 21.古蹟古物志 22.氏族志 23.風俗志 24.方言謠諺志 25.人物志。26.叢錄，這其中，25.全係人物傳記，9.11 12 13 15 16 17 19 20 21 22 23 26各卷中，也都有傳記資料。

正史和方志裏，有著很多很多人物傳記的材料，這是不必再討論的了。

此外，一般詩文集子裏，也有不少傳記資料。如「王陽明全書」重編本（民國四十三年一月正中書局，臺二版。）語錄、文錄、書錄、詩錄、奏疏、公移（諭示、批答、咨告），別錄（序跋、題記、銘表、碑贊、祭文）、年譜、世德紀（家乘、行狀之類雜著，多係他人所撰述），共爲三十卷，全都可算得是「王陽明傳」的原始資料，且是主要的，最可徵信的資料。

還有，歷代學人都喜歡寫述史評來臧否人物，其中不少人物傳記的材料。如蘇軾的「范增論」「留侯論」「賈誼論」。

我曾就「江蘇省立國學圖書館現存書目」（民國三十七年七月印）作了一個統計，其列入傳記類的藏書，計有一千一百九十八種，百分之八十，爲民國以前出版的線裝書，分類如左：

1.事狀之屬，一六八種——安祿山事蹟，東坡先生傳誌，朱子世家：行傳，自敘，墓表，事略之類。

2.年譜之屬，二三五種。

3.志錄之屬，一四九種——關公志，文文山傳信錄，忠貞錄，鄉賢錄，哀思錄之類。

4.圖贊之屬，一二種——聖蹟圖，聖賢像贊之類。

5.日記之屬，五四種。——其中百分之八十，都是清代人寫的。

6.家譜之屬，一二三種。

7.總錄，通錄之屬，一三三種——歷代名臣言行錄，元祐黨人傳，武陵先賢傳之類。

8.總錄，專錄之屬，二一四種——宋元學案，康熙己未詞科錄，成仁譜、貳臣傳，隱逸錄，宋元以來畫人姓氏錄，疇人傳，高僧傳，列仙傳，列女傳之類。

9.人表，七十種——百官題名，貢舉年表，縉紳全書，職員錄之類。

10.雜錄之屬，四十種。

從上述統計，可以見出：

第一、這是正史、方志、詩、文集子以外的部份，由之，可見中國傳記書籍，數量並不爲少。再翻翻中國人名大辭典，歷代知名之士，那樣的衆多，其有關的記述，應該不在少數，雖然皆是東鱗西瓜的。

第二、這一千一百九十八種傳記圖書，是經過八年戰亂的殘存部份，該館原始收藏，應不止此數。

第三、全國各地各種圖書館及私人藏書，所藏正史、方志、詩、文集子以外的人物傳記書籍，其綜合數字的估計，應可有五十倍於國學圖書館的數目，也即是說，全國可能有六萬種人物傳記書籍。這數目，乍看，龐大得嚇人，但我們假如想到每一個縣市乃至每一個村鎮裏，都有若干好人好事的文字記載和口碑傳說，那麼，以中國文明歷史之悠久，地域之廣大，人口之衆多，這一推算，就並非誇浮了。

第四、話可又說回來，傳記書籍雖多，卻大多有點板面孔說教的性質，且不免於「爲尊長諱」，把人物生活赤裸裸的部份都壓藏到不可知的地下去了。於是，凡可以立傳的死人，都成爲吃冷豬肉的聖人。於是，這其中，不但少有「盧騷懺悔錄」，歌德「詩與眞實」之作，就連胡適「四十自述」這樣的作品，也不多見。

第五、關於家譜部份，這一二三種，應只是千分之一的數量。每一姓人家，就不知有多少種家譜。要是有人對這方面，作廣泛深入的研究，一定可發掘出不少有價值的問題來。

這只能算是一個小小的檢討。

四　抗戰前後傳記讀物出版情形

據民國二十五年平心編「全國總書目」，所收民國以來著作、翻譯的新書二萬種之中，傳記類五六七種，佔總數的百分之二．八。在其六十九類的圖書之中，這個百分數，不算得太少。按平均數，每類應只得二八一種。

這五六七種傳記的大致分類如左：

世界人物二七七種：*1.*名人列傳，十七種。*2.*婦女列傳，五種。*3.*哲學家列傳，六種。*4.*哲學家各傳，十六種。*5.*宗教家傳記（「傳記」者，係指其中有合傳，也有各傳。下同。）九種。*6.*社會思想家傳記，六種。*7.*政治，軍事家合傳七種。*8.*政治家各傳，八十四種。*9.*科學家合傳，六種。*10.*自然科學家各傳，二十四種。*11.*教育家傳記，七種。*12.*經濟學家傳記，四種。*13.*文學家列傳，十五種。*14.*文學家各傳，四十三種。*15.*藝術家傳記，十種。*16.*探險家傳記，六種。*17.*實業家傳記，六種。*18.*其他個人傳記，六種。

中國人物傳記，一八二種：*1.*名人列傳，家譜，十三種。*2.*哲學家、藝術家，三十六種。*3.*政治家，四十二種。*4.*軍事家，十一種。*5.*文藝家，五十四種。*6.*史學家九種。*7.*遊歷家，三種。*8.*實業家，二種。*9.*藏書家，四種。*10.*國術家，一種。*11.*宗教家，五種。*12.*其他，二種，馮小青，賽金花也。

另，兒童少年讀物，一〇八種：*1.*中外名人傳記，二十三種。*2.*中國名人傳，六十五種。*3.*外國名人各傳，二十二種。

從以上統計，得出幾點有趣的分析。

先說世界人物部份。

1. 大部份爲譯本。

2. 政治家的傳記最多，佔百分之三十，其次爲文學家佔百分之二十。

3. 政治家之中，希特拉，莫索里尼，各十一；甘地，八；拿破崙，列寧，各五；托羅茨基，四；林肯，俾斯麥，凱末爾，各三；華盛頓，纔得二。

再說中國人物傳記部份：

1. 在數量上比前一部份少。其實，中國古今人物，多的是，非如其他各國出名人物，大多是近代的。比如說，春秋戰國時代，三國時代，隋唐時代，不知有多少赫赫不朽的人物！

2. 文藝傳記最多，佔百分之三十；政治家次之，佔百分之二十三；實業家，纔得百分之二。

3. 總之，不能教人滿意，第一、最多的部份，列有新文藝作家傳記，十七種，這些人的成就，並未能成爲定論；雖然，爲活人寫傳記，不一定要蓋棺論定。第二、國父傳記，纔得五種，且內容並不豐富。第三、十一種軍事家傳記中，班超有四種，皆爲小册子；岳飛的，纔得一種。

兒童少年讀物，關於傳記部份的，就比上面的情形好得多了。

1. 國父傳記，得九種，佔百分之八。
2. 外國名人各傳部份，科學家、政治家、軍事家、發明家、旅行家、種類分配，很是平均。
3. 沒有希特拉，墨索里尼那兩個魔王的。有，想也是編在合傳裏了。

這時期，世界書局出版的人物傳記，最可雅俗共賞。對於兒童，少年，成年人一般常識性的閱讀上，有其益惠，如「達爾文自傳」「耶穌生活」「孔子生活」之類。其種類分配，也很合式。

抗戰當中，社會動盪不安，出版困難，人物傳記的印行，當然減少。但有一個好現象，凡是能出版的，都內容相當豐富，文筆也細緻了，超過前此的水準，鄒魯的「回顧錄」，當爲一例。還有許多未公之於世的著述，或已成定稿，或尙在精心結構之中。如海寧、朱其華，當其隱居終南山中時，我就曾從頭到尾，讀過他十二大本原稿的「回憶錄」，已在一百萬字以上，那還只從他少年時代寫到青年時代（民國十一年到民國二十年）哩。其以李昂筆名發表的「紅色舞臺」，目今臺北勝利出版公司，有重印本。再如山西五臺、衛俊秀，從少年時代起，就鑽研莊子，孜孜不息，二十餘載，於不惑之年，成稿：「漆園文學新論」，雖多係評論意見，而實係爲莊周作傳記。又如鄭學稼教授之爲古今人物寫述傳記，就是極肯用工力的，大量蒐羅材料，深刻研究人物，長篇巨製的來寫，不使其一蹴而就。

抗戰勝利之後的這三、四年裏，有不算多的傳記讀物出版。

値得注意的，是「人物雜誌」。先後在重慶，上海出版。這本期刊，當時風行南北，那是對於我們三十八年的大陸撤退，曾盡了「思想攻擊」的任務的。它雖然標榜不分古今中外人物，好人，壞人，有名，無名，通要給予深刻嚴正的批判，其實它是爲中共宣傳的。不過，這種性質的刊物之爲社會所最感需要，那卻是我們所要承認的事。

倒戈善變的馮玉祥，在這期間先出版了「我的生活」，又出了一本「我的讀書生活」。前者，據說是吳組緗代筆的。通觀他的自傳，雖不乏歷史資料，但明眼人可看得出，他的書是在專爲自己的缺德而辯護。他沒有想到，我們中國人是要眞有嘉言懿行，纔好意思傳述自己的生平。這可說是我們所要注意的一個反面事例。

五　自由中國傳記讀物出版情形

據下面粗略的考察所得，結論是相當令人滿意的。出版者，作家，尤其是文史學者，都對此事有所致力。這也是反共抗俄這個大時代，所必然造成的形勢，人格教育，再沒有比今天更重要的了。

正中書局，民國四十二年十月編印的本版書目中，有中外人物傳記三十三種，這在其全部出版物比例上看來，不算少數。其今人所撰自傳，則只有于右任「我的青年時期」一種。

東方書店經銷的外版圖書簡目，列在三十八種兒童讀物之中，人物傳記，得二十二種：孔子、孟子、班超、諸葛亮、關雲長、包拯、司馬光、岳飛、鄭和、史可法、石達開、孫中山、西施、貂蟬、花木蘭、王寶川、費貞娥、葛嫩娘、秦良玉、董小宛、陳圓圓、香妃。

中央文物供應社，在這方面，最見努力，其在中央日報所揭載的「每周新書」廣告，經常有人物傳記出版。據我所不完全的發見，如宋越倫：「朱舜水傳」，李振華：「明末孤臣張倉水傳」，劉習五：「顏習齋學傳」，宋希尚：「張謇傳」，姚漁湘：「胡漢民傳」，宋希尚：「李儀祉傳」，黨史會：「國父傳略」，「國父年表」，羅香林：「國父與歐美之友好」，宋越倫：「總理在日本之革命運動」，黨史會：「中華民國開國名人傳」，「黃花崗革命烈士畫史」，秋燦芝：「秋瑾革命傳」，劉紹唐：「紅色中國的叛徒」，中央四組「古今流寇合傳」，蕭一山：「曾國藩傳」，董顯光：「蔣總統傳」，羅家倫：「國父畫傳」，張文伯：「稚老閒話」，謝壽康：「蔣總統幼年及少年生活」。

青年出版社，其出版物不多，卻有幾種特殊人物的傳記。如杜呈祥：「衛青、霍去病傳」，趙尺子：「拔都傳」，葉嘉瀅：「夏完淳傳」，馮放民：「鄭成功傳」。

華國出版社，前兩年就出版有「中國偉人小傳」，「世界偉人小傳」的小冊子。以一萬字左右敘述每一個人物，分別單印一小冊。我所見的，有十六種。

此外，鄧文儀的「遊蹤萬里」（拔提書店版），劉子清的「從軍三十年」（黃埔出版社版）黃杰的「留越紀實」（中央文物供應社版），這都是當代革命將領的自傳。

李符桐的「成吉思汗傳」（新動力出版社版），也是可注意的。

國防部總政治部編印的軍中讀物，最注意於人物典型的表揚了。一般性的讀物中，有傳記六種。「我們偉大的領袖」，「我們偉大的國父」，「領袖」，「蔣總統行誼」，「西安半月記」，「國父孫中山本紀」（敘述是以出版先後爲序）。收入「民族英雄傳記叢書」的，十二種：「岳飛」，「文天祥」，「漢光武——劉秀」，「郭子儀傳」，「關羽傳」，「勾踐傳」，「中外復國志士傳」，「中外發明家與建設名人傳」，「青年之神——鄒容」，「文天祥傳」，「士兵英雄故事」，「諸葛亮傳」，正在編印的：「黃帝」，「張良」，「班超」，「大禹」，「成吉斯汗」，五種。收入「連環圖畫叢書」的傳記，八種：「總統畫傳」，「正氣歌畫解」，「鄒容」，「郭子儀」，「勾踐」，「大禹」，「諸葛亮」，「高志航」。正在編印的：「陶侃」，「岳飛」，「黃帝」，「少康」，四種。「國父」，「蔣總統年表」三種，「中華民族英雄圖」一幅。共爲三十九種。其特色是：內容精當，發行數量大。而連環圖畫，是畫家梁氏弟兄的手筆，藝術家爲通俗化的表現，無怪其佳美。

張其昀主編「國史上的偉大人物」，列入「現代國民基本知識叢書」，中華文化出版事業委員會出版，其作法最可贊美。把歷史人物始自黃帝，下迄清末，分六冊記載：秦以前，三國以前，南北朝以前，五代以前，明以前，清以前。每冊二十篇，每篇包括一人或二人，由學者專家執筆。茲舉其一、二册爲例：

黃帝——張其昀。堯，舜——趙榮琅。禹，湯，伊尹，周文王，武王，周公，召公五篇——董作賓。管子——梅仲協。子產——毛子水。孔子——張其昀。老聃——錢穆。孫子——高明。墨子——牟宗三。商鞅——梅仲協。孟子——王偉俠。莊周——錢穆。屈原——蘇雪林。荀子——陳大齊。呂不韋——尹仲容。秦始皇——勞榦。

漢高祖——陳致平。漢文帝——勞榦。賈誼——牟宗三。漢武帝——杜呈祥。董仲舒——毛子水。司馬相如，楊雄——李辰冬。張騫——方豪。衛青，霍去病——杜呈祥。司馬遷——錢穆。蘇武——牟潤孫。漢光武帝——陳致平。馬援——牟潤孫。王充——何定生。班固，班昭——朱倓。班超，班勇——羅香林。張衡——高平子。王符，仲長統——黃彰健。陳蕃，李膺——嚴耕望。鄭玄——潘重規。諸葛亮——祝秀俠。

以此發端，這些執筆人，都可各就其主題寫下長篇鉅製的傳記出來。就如祝秀俠先生罷，以他多年文學造詣和三國史的研究，寫一本詳盡肯當文情並茂的諸葛亮傳，那是再適合也沒有的了。問起祝先生來，說是早已著手在這樣做。我想，只要有地方出版，他們諸位，都必十分樂意於做這件事的。

上述資料並不完全，自民國三十九年到民國四十三年的六月，四年半之中，以臺灣出版事業維持之不易，居然共出版了人物傳記一四八種；還有我所不知道的，或未列入上述資料中的，總在半數以上。例如黃天健的「海天孤憤」（鄭成功傳），羅敦偉的「五十年回憶錄」，王新命的「新聞圈內漫遊錄」，王雲五的「我的生活片段」，以及祝秀俠的「三國人物新論」之類。總之，認其有二百種的數字，應該不是過多的估計。

時下，人物傳記之得到普遍的重視，還從幾件事情上可以證明。蕭贊育、鄧公玄編的「現代知識新辭典」（民國四十二年四月拔提書店版）有人物類一門，列國父史略，開國名人，黨政軍首要，各界名流，海外僑領，國際人物，各有簡扼評介，又附錄：中央政府首長，在臺國民大會代表及立監委員姓名錄。這些資料，佔了全書六分之一的篇幅。

最有意思的，還是陳健夫編的「國父遺教大辭典」（民國四十三年四月上海書報社版），述而不作的把國父遺教中的一些主要論點，分編二十六類，始以「哲學」，終以「人物」。人物類的材料採錄，非常得體，例如華盛頓、曾國藩、蔣介石這三條，合起來也不過一千字，對於此三人功業，性格的品評，卻已足夠構成完全的論斷。

這兩部辭典關乎人物評介的作法，是以前「中國人名大辭典」、「辭源」、「辭海」、「新文化辭書」（唐敬杲編，民國十二年商務初版，後來有好多次的再版）和其他好多百科辭典之類所不及的，因其不僅是把人物作附帶敘述，還特別作爲主要的內容，闢出專欄，使人重視。民國二十三年商務印書館重編「日用百科全書」，三十編，九百萬字的巨大篇幅，對於各科學術的概略及各種日常應用文件的蒐羅，算是稱得上完備，簡明，實用了，其於人物傳記的資料，也只有「外國名人略傳」「中國歷代名人生卒時代表」兩小節，聊備一格而已。

自立晚報的副刊，有一個時期，每天寫人物一篇，多談軼事，雖限於材料，不能在每篇文章裏都描述出那人物的全貌；而能一年三百六十五天，這麼不間斷的揭載出來，也算難得了。我總以爲，新聞的特寫和副刊上的專欄，應該視人物傳記爲不可缺的內容纔是。

空軍廣播電臺，經常有「人物介紹」的節目，要能講述得如我們之談論老朋友那樣的情味，就好了。還有，現在報紙上，很注意於闢出專欄作時人介紹，但也是千篇一律，官式履歷，四平八穩、少見情趣。

有趣的是，這次香港影劇界人士七十多人回國，堂堂陣容，也確乎極一時之盛。出版界很會適應，國際資料供應社的「明星列傳」，在他們到達臺北的第三天，就登出出版預告了。

六　人物傳記寫作上的一些意見

以中國近代來說，應當傳述那些人物呢？

不僅是李鴻章、章太炎、黃克強、馬相伯、張伯苓、丁文江、蔣百里、吳稚暉這些知名之士值得傳述，其他，像中國第一老兵山東王繼田這樣的小人物，也最值得一寫。他在民國前七年入伍，四十九年的士兵生活，平凡中有其偉大。司徒柳雯在中央日報副刊所發表的「北望樓雜鈔」，曾略述他的生平。我們要是跟這一位老兵談談，一定能得出不少「中國軍隊大兵生活史」的資料，且可能有一些戰史上難見的事態呢。

再如中國空軍烈士閻雷，一個有研究天才，勵志苦行的青年人，我是在民國三十三年七月讀大鵬月刊的弔唁文字而得知的。自此以後，我始終覺得這是一個青年人的典型，出類拔萃，十分難得；而爲人處世，又十分平易。卅六年春，我曾寫了一篇似詩的短文：「活在我心中的閻雷」，這裏摘錄幾句，以見其人。

你，一個有著德國人，英國人好性格的中國人。

你精密，刻苦，
實在，嚴肅，
而更是從容中道，意趣盎然。

是誰創造了你？
把你的全盤生活擁抱了中國的空軍，

把你的全個生命換取了學術的探求，
是上帝安排嗎？還是你自己？

我看哪，不然，
創造出你這一個太難得的好人來的，
是我們現代中國的歷史，
是你那白山黑水的家園。

要不是這苦難的祖國，
你修鍊不出厚愛的德行。

一個天才，
一個戰士，
一個甜情人，
一個好朋友。

何以還只有你一人呢？

何以像晨星之一現，你就隱沒了呢？

何以還只有不多的人知道你呢？

何以，何以，老天竟像是嫉視你的存在呢？

閻雷，天津南開的學生，入空軍官校十期習飛行。特具科學發明的頭腦，志趣，才識與孜孜不斷的努力。畢業後，留校服務。以研究空軍兵器延性炸彈試飛投擲，失事殉職。記得他的校長曾說：一百個優秀的飛行員不及你一個天才閻雷。他最令人感佩的，是那種忠勤寬厚，堅忍奮鬥的德行。今天稍有才華的青年人，不是對人家驕傲，就是對自己乖張，少有如閻雷這樣心平氣和的。如今事隔十年，我一直深深覺得這樣的人物，實比那些歷代開國的大人物更可做我們青年的模範。閻雷所處的時代，比起陸皓東，林覺民，陳天華諸先烈，是更要接近我們些。

再說，黨國元老居正的哲嗣居伯強，也是具有相同於閻雷性行而更過之的青年人，行年三十而逝，他也是活在多少人心裏的典型人物。

過去，現在，到將來，不知有多少小人物，需要我們傳述。

小人物之中，也有的是一時的新聞人物。如陳定山「春申舊聞——黃慧如與陸根榮」（民國四十三年四月中華日報副刊），那是當年上海轟動一時的新聞，而鬧得全國皆知的事，大小姐與僕人戀愛。這種人物，要是處境西方而放在詩人哥德的筆下，那又是不朽的文學創造了。

民國四十三年三月間，傳遍自由中國的孝友新聞，那纔了不起呢。嘉義縣六美國校學童許後傳，父母雙亡，立志向學，養育同母異父的幼弟，其忠厚孝順，犧牲自己，成全他人的堅強奮鬥精神，可與前代大賢武訓先生媲美。要知這還只是一個孩子。

偉大的小人物，最是記憶在人們的心裏，傳述在人們的口裏，那是比交付國史、方志上立傳，更見光耀人間。就只是若不見諸文字記載，一經失傳，好人德行，即湮沒於無聞了。——逝者如斯夫！不舍晝夜。

周君亮兄，這幾年裏，曾就自己親眼得見的事實，傳述了不少小人物，無一不教我們百分贊美，喜愛，崇敬。於此，單只說「記許奎元先生」（載「晨光」月刊一卷二期）這一篇的梗概。

許，湖北黃陂人，幼年貧窮，無力就學。十歲，到紙馬店作學徒。一天，在字紙簍裏撿起一本珠算歌訣書，大感興趣，就學起打算盤來。後來又讀得一本「筆算數學」，並從黃陂聞名的某算術家學習，盡讀其數學藏書。從此，他放棄了紙馬店的生涯。更進而從外文數學書中作更高的探求，藉字典與算式上的了解，他逐步讀通了日文、英文、法文、德文的數學書，但他並不能寫，讀說一句外國語文。中年時，他成爲世界數學會的會員，在長沙兩個學校教數學，極得學校的尊重和學生的歡迎。他對於國內知名的數學家少所許可，但承認世界上有比他高明的數學家。五十多歲之後，病重垂危，他卻把自己那些數學著作的底稿都燒了。

許奎元先生的生平，使我這個湖北人也同感榮耀。我們湖北人談起近代鄉賢，好稱說的總只是黃侃，嚴重，孔庚……這些人，而少有知許奎元先生者。比較的看來，他的勵志苦學，數學天才，實超過後來那名重一時的華羅庚。要不是周先生爲之筆傳，賢哲在世，國人莫知，這一朵花，終於寂寞的開放，寂寞的凋謝了。

周君亮筆下的小人物，與抗戰當中那位爲「厚黑教主」李宗吾立傳的張默生文筆不同。那位張教授還曾寫有「異人傳」一本，描寫了六、七個獨特異行的小人物，當時讀來確是教人過癮。如今若拿來與周君亮傳述的小人物相比較，則覺得那些異人多有玩世不恭，對現社會乃爲諷刺的存在之感，非如許奎元之誠篤入世，矻矻終日，是爲了人類之進步。也即是說，諸子百家的生活態度，我們並不反對，而且認爲不管君子小人，高雅庸俗，在其意識、行爲中，一定都包含著有若干諸子百家的生活態度，但中國人最主要的，還在把握住儒家修已安人的精神。周君亮筆下的「小人物」，其可貴，可敬，可愛者，在此。

其實，要是依了　國父的看法，這些小人物，纔是眞正的大人物。

陳定山先生筆談山水、人物非少，與周君亮文章立意近似，而更有江南才子風。他所寫的人物傳記，略就所知者言之。其一，爲「我的父親——天虛我生」（「晨光」月刊，一卷一期至四期）陳栩園先生以文學家而兼實業家，在民族工業的建立上，打了許多硬仗，而以「國貨之隱者」自期。抗戰遷廠之中，最多可感人的事蹟。閒適時日，詩酒自娛，爲人治事，極其豁達，他有一句口號：「譬如昨日死！」其一生德行，特有風趣。「我以名士身來，還爲名士去」，是他臨終時的自慰語。其二，爲「小兒科」，是陳先生近來隨意抒寫的許多人物小記之一，多在華報發表。這篇，述一位上海的好醫生，醫德醫道，爲多少做父母的人所依賴，所稱頌，尤其敘述到當年一些給他救活小命的孩子們如今都已作母親了——她們對這位好醫生的懷念，最足教一些醫師和醫科學生所當珍視。還有，陳先生爲貓、狗立傳，也特見情味，像「義奴傳」那一篇，就是教人讀後很難忘懷的。

好人要傳述，壞人也要傳述。

善惡的抉擇，只在一念之間。誰人敢說他一生之中沒有半點惡念和劣行呢？這也是基督教傳說得最普遍的故事：無人有資格可拿起石頭去打那個淫婦。我們傳述一個惡人，不僅在打擊惡人，也在誥誡一般人，當其惡向膽邊生之際，如何控制且促使自己終於向善。大仲馬的小說人物刻劃，在其名著「基度山恩仇記」中，曾有此境界。在赤色宣傳中，竟以「李闖」「潘金蓮」爲典型，我們又豈可放下壞人而不置論。固然，評斷人物要公平，不可凡屬善事歸之堯舜，把萬惡集於桀紂。

希特拉、莫索里尼，固一世之雄也，如今蓋棺論定，其傳記，應有人來重寫重譯；否則，重寫和重譯。

當年中國出版界那二十二種屬於他倆的書，就大大的有了問題。

再說，宣傳家最會利用死人做招牌，當民國二十一年歌德逝世百年的紀念中，多少人說歌德是屬於馬克斯的；希特拉他們，則說歌德是屬於「納粹祖國」的。無論他們怎樣辯嘴，都無礙於歌德的存在。今天，局面業已澄清了，我們可以批判的說，歌德是屬於歷史正統的傳承的。因為惟其是眞正不朽的人物，不論哲人，藝術家，學者，政治家，他一定要與歷史正統的傳承，息息相關。否則，縱或光耀一時，稱雄一方，也不可能萬古常新，得全人類的喜愛。

眞正不朽的人物，是與眞正不朽的書本一樣，有其同樣永恒的存在。

何以說，反共抗俄的今天，人格教育最需要傳記讀物呢？

理由很簡單：這是個思想鬥爭的時代，一個人如何通過這個鬥爭？如何獲得其精神上的解放，不為環境所奴役？那一定要從其整個生命發展的歷程來看。因此，描述那赤色控制下而重獲光明幸福的情態，就只有脫離共產黨的人們所寫的自傳，最是深刻感人。

其第一部書，是俄國老共產黨員克蘭欽可夫所寫的「我選擇了自由」，自民國三十六年起，我國就有好幾種譯本了。最近的，有美國共產黨領袖波敦慈「我的自傳」（趙君晦譯，民國四十二年六月，正中版），他是當了十年的共產黨徒，於一九四五年重歸正途。

中國人關於這種現身說法的敘述，最初是以劉紹唐「紅色中國的叛徒」最爲出名。其後，則以香港亞洲出版社所出版司馬璐的「鬥爭十八年」，最爲人所熟知。這個出版社陸續不斷的出版這類書籍，兩年來，估計至少在三十種以上，無一不是血淚的敘述，無一不是悲慘的控訴，其敘述的主體，都是重在檢討其生命歷程，從小到大如何長成，如何有了人生的理想，如何奮勵無前的追求，如何感受了赤色的欺騙，如何有了理性的覺醒，如何起了內心的苦鬥，如何終於歸依了眞理，仍然要奮勵無前的追求。這些傳記，把人類精神受迫害的苦難及其解脫，向我們坦白陳述。誰能說這類書本不是二十世紀六十年代的今日，人格教育最需要的讀物呢！

對著人類的良知，對著後世的歷史，控訴赤色的無恥與不義，惟有這類書本的敘述，是最有力的見證。

人物傳記，應當是史學的呢，還是文學的呢？

我的意思想要說，人物傳記應該是史學的，而不是文學的。至少應該說，是史學的，又是文學的。史學求眞，文學求美，使眞美綜合起來了乃得爲善。

我很以爲，在史學之內，應另闢傳記學的領域。不以規矩，不成方圓，人物傳記的撰述，必有專門的學識，理則，方法，程式可資依據，纔易於入手，作到好處。

傳記學這門學問的建立，應該不是一件難事。中外古今，都有許多可作爲典型的傳記作品在。最古往的，如中國的史記，希臘、波盧塔的希臘羅馬英雄傳，聖經以及印度古典作品中的一些篇章。現代作品中，則不論是專著或散篇寫述，人物傳記的資料，隨處皆見。但是寫文章，一談起陳年往事，政海遺聞，文壇佳話，乃至社會百相來，總脫離不了以人爲其敘述的核心，例如喻血輪的「綺情樓雜記」（臺灣啓明書局民國四十二年十月版），專錄遺聞野史，其二百〇一篇文字之中，有一百六十二篇，就是專談民國以來的人物。

集合了這些資料，爬梳歸納一番，即足形成傳記學。爾後，不管我們是文學的，還是史學的來寫作人物傳記，就能大體有一個規範了。假如大學史學系裏都開了一門傳記學的課，因其影響，而使人物傳記的寫作至於有意經營的地步，不那麼文無定法的，豈不是大有惠益於史學的發展及人格教育的充實嗎！

我還覺得，今天來談建立傳記學正是時機。我們在觀點與方法的探討上，絕不會如二十年、十年前的偏頗。因爲，那時期的中國思想界是偏頗的。

還有一點，對古人的傳述，除了在正史、別史、筆記、雜俎書本中廣求資料之外，應當注意於民間的口碑傳說。

例如漢光武，關乎他的文書材料，那是十分豐富且可徵信的，似可不必外求了。但那曉得民間傳說裏，有更豐富的敘說呢。在陝西、河南、河北這些當年劉秀到過的地方，都有非常多關乎他的傳說，大半是以「王莽趕劉秀」爲主題的。在正史上，王莽趕劉秀，應該是王郎趕劉秀——後漢書、光武帝紀：「更始元年九月，王莽死。卜者王郎爲天子，都邯鄲，十萬侯封賞，購光武頭。」不過王莽比王郎的名氣大，所以就藉了他來傳說這許多故事。當然，劉秀最初起兵舂陵（今湖北棗陽）以及昆陽（今河南葉縣）之戰，他是曾和王莽的軍隊屢次交戰過的。這正如當年鄭成功只在臺南有所行動，而民間傳說卻把他的事蹟擴展到臺北來。因爲，老百姓的見解，常是順著自己的想像發展，喜歡把歷史事象東拉西扯一番來增加傳說的興味。況光武中興爲歷史佳話，劉秀又出身民間，儉樸刻苦，當皇帝之後，也特有人情味，待人接物，溫柔敦厚，如他對於開國功臣雲臺二十八將的始終恩遇，以及和隱士嚴光的交情前後如一，皆是歷史上極難得的。對於這樣一個賢德的帝王，其產生許多傳說，而致蔓衍，擴張，彎曲了歷史，從民俗學看來，實在是極自然而然的事。

把民間傳說附麗於人物傳記的寫作，應是最有情趣的。我們寫述張良、諸葛亮、唐太宗、岳飛、元太祖、戚繼光、乃至近代的吳鳳，武訓，在敘述裏，實在是捨不得丟去了那些傳說。假如我寫漢光武傳，那不管怎樣體例，我一定要在結論之前加上這麼一章「民間傳說裏的劉秀」——民間感情親切，所以直呼其名，如諺語說：「吃王莽飯，給劉秀辦事。」「出劉秀」（稀罕、不尋常）。考察了民間傳說之後，再寫下結論，纔見得這個人物是活生生的在大家的心裏頭，這是我們研讀正史上的漢光武，再領味民間傳說裏的劉秀，必然會達到的境界。

七　結　論

第一、國父的傳記，要能出版到一百種以上，而且每種讀來都各有其精彩處，我們就滿意了。必因此，纔足以證明我國人物傳記寫作，有了普遍的努力。

第二、把人物傳記的研讀，列爲中小學公民課和大學各科必修課的主要內容之一，從而學得賢哲們爲人處世的典範。中小學生研讀一般性的傳記，並由教師指導閱讀，使與課外貪讀小說的趣味相等。大學生，要注重研讀他本科人物的傳記，例如方子衛：「現代科學與文化」（中華文化出版事業委員會，民國四十一年十月版），在「科學研究者的模範」一節裏，介紹了阿基米德、培根、哥白尼、但爾頓、法拉第、達爾文、門德爾、巴士特、馬可尼、威爾巴與奧微爾來特弟兄，愛因斯坦十五人的簡歷，其前言說得最好：「傳記讀者的人們，常會感覺到不只活了一個世——乃活了許多世。因爲它是擴展了我們自己的經驗，再加上人家的經驗。他看世界的一切，是用了很多雙的眼睛，而同時知道了怎樣去利用許多同情和諧去了解其他人們。所以每一個傳記是一扇窗門，使我們得瞧見事物之許多角度。這在對大科學家的傳記，更會特別眞實。因爲研究科學的學者，是在努力於探索事物的秘奧，然後再用人們日常生活所能了解的言語方法翻譯給人們知道。」

總之，每個人應該研讀四方面的傳記：

1.本國人物。

2.世界人物。

3.鄉土先賢。

4.本行業的先賢。

例如：我們中國人誰都知道國父孫中山先生是一個好醫生，但很少知道他當醫生時的這一段事蹟：「不論貧窮富貴，只要是病人，總理便和他診治。對就診的貧病者，尤其優待，往往先飲之以牛奶，使他神氣略定，纔開始診斷。醫藥種種，不用說是全部施捨了。」（許師愼編著「國父革命緣起詳註」頁七、正中書局，民國三十六年十二月版）時當六十多年以前（一八九二），一個好醫生，每天求診者至少當在五十人以上，飲以牛奶，施以醫藥，這可不是一件簡單的事體。所以，我常想，如今每一個當醫生的人，要都能有國父這樣的博愛精神，社會生活的疾苦，應可消釋大半了。

亞里斯多德的話所以有不朽的眞理，不管你是要做一個國王，還是要做一個鞋匠，你須得先做一個人！

如何的先做一個人呢？夫子曰：「見賢思齊焉，見不賢而內省也。」

第三、不僅一般市民，醫生，各種行業的從業者，需要閱讀傳記，社會上的各級首長們，尤當多讀人物傳記。雖說二十世紀是科學的、群衆的時代，但那時勢造英雄，英雄造時勢的情態，卻是不容我們否認的。英雄今日是操縱者「時代電鈕」，必然要自負不凡，必然是自視甚高。高明的領導者固然最曉得怎樣去接納群衆意見，聽從下級建議，但絕不可缺乏高瞻遠矚，乾綱獨斷的氣魄，必須是出人頭地，一馬當先！這樣，在精神上，有時不免有孤獨感——獨來獨往的走在前面嗎。時下的活人，難得併肩齊步，前代英豪，卻盡多知己。還有，首長們多是忙人，事業繁劇，難得靜心接近書本，而偏偏倒是最需要多從書本裏來省察自己的行動；君子進德修業，別的書，沒工夫不讀，可以，歷史和人物傳記卻不能不讀。拿破崙志高天下，君臨歐洲，每於人物傳記的研讀裏，肅然收起驕傲來降心相從。司馬光，何以寫下資治通鑑留給後世帝王們時時展讀，其理也就在此。況且，英雄雖然大都是堅忍奮鬥，常受苦難艱險的鍛鍊，但他也有苦悶，懈怠、畏縮、自私、驕縱的時候、此時候靠什麼來鼓勵，開導，約束自己呢？無他，前代賢哲傳記的研讀。有時間麼，詳盡閱讀；太忙嗎，略覽其大要，或但求可取之處研摩。拿破崙南征北討，所以不忘攜帶這類書本。在陣前，他是以欣賞這類書來振作精神，向約瑟芬寫情書來宣洩情感的。

第四、凡屬一件事物的敘述，總要多注重在人的經歷，纔易於使聽受者感到深刻印象。例如自由中國最近出版的「中華民國大學志」（中華新聞出版公司、四十二年九版），五十篇文章之中，以黃季陸：「國立四川大學（長校八年的回憶）」這一篇，是我讀後最有印象的。據說，還有許多細微末節，未寫出來呢。假如蔡元培先生在世，用此種筆調寫他當北大校長的事，安知有多少好文章，好德行，好史實教我們欣感呢！也因此，假如我們初習哲學，要讀西洋哲學史或西洋哲學概論的話，就不如讀那本「古今大哲學家之生活與思想」（開明書店，楊譯本）來得引人入勝。

第五、在歷史的敘述上，關乎人物的傳述，是件值得注意檢討的事。通史，斷代史，專史的編修，對於歷史中心人物的記述，應該有一個適當的分寸。韋爾斯的「世界史綱」，其中關於亞力山大，拿破崙的篇章，最是把歷史人物寫得栩栩如生了。卻也有人不以為然的，以為歷史不當是英雄的家譜。我也曾讀過幾部中國近代史，其中少有歷史人物的記述，竟然讀得索然寡味；雖然所述的史實，是我們最切近，最應感到興味的。前人讀漢書下酒，也當是有感於歷史人物心靈的共鳴。講歷史是不能丟開歷史中心人物的。

第六、人物傳記的寫作，在文學創造上，應是一種很好的習練，最可考驗寫作能力。非如寫小說，可全由作者己意造作故事，安排人物，意念天馬行空，筆觸隨興所之，不受什麼拘限。寫傳記則不然。例如要傳述武訓，每一執筆人都能各有不同的寫法，但絕不可寫得出乎武訓的性格與行事之外，以致傳失其眞。其實，就是小說的人物描寫，也不可離棄那人物的眞實性。有人說，「西遊記」雖是玄想的產物，但孫悟空，豬八戒，卻是一種人物典型；「野叟曝言」雖寫的人間事，那主人公文素臣的全才、全能、全德以及人生之種種豐富享受卻寫得不近人情了。不近人情，就失去人物的眞實性，這在文學人物描寫上，也是要切戒的。自己從前學習寫作時，就曾下過這樣功夫，爲所熟知的人物分別立傳。這些列傳，或詳或略，雖因中止了小說的寫作而並未應用它，但確乎把自己對這些人的了解，如實記載下來了。

作家們，爲什麼不去找一兩位老一輩的人，或是最親近的長上，去爲他們寫傳記呢？這在寫作上，除了是最好的一個習練活動之外，還是最有趣味，最可使我們寫作技藝日見進步的一個工夫。老人家，要自己動筆，是比較吃力的；但如請其口述生平，那沒有那一位老人家不樂意的。至少，把老一輩人的言行片段記下來，也是好的。這，除了胡適先生在前面所舉的中國例子之外，在西方，則「歌德對話錄」，是值得一提的。

第七、我也曾立意想要正式的來寫人物傳記。民國二十六年六月在河北，以軍中和民間傳述的事實，曾蒐集了一點資料，預備寫劉桂堂那個土匪頭兒。民間都傳說，他有些過人之處。他綽號劉黑七，以馬隊游擊戰術稱雄，時編組爲軍，時落草爲匪，在華北各地飄忽無定，騷擾不息。要不是抗戰起來，這個寫作也許就動筆了。民國三十一年八月，心中又有另一番慫恿，想寫吳佩孚，以時間，資料兩不夠，也就只是想想罷了。

第八、「怪詩人徐玉諾」，是當我們談人物傳記時，我所難忘的一位人物。好像就是這般題目的一篇文章裏，我留下了印象。他之一諾千金，一如司馬遷筆下的游俠之士，他是一個最是詩人的詩人，可說是李太白詩友中也少見的人物。中國詩史上，應該有他的地位。比起劉大白，朱湘，徐志摩來，他更見風趣洋溢。

第九、不僅從事寫作的人，須多多用力於人物傳記的寫述，就是一般人也有注意這件事的必要。因爲每人心裏都有人物可以講說出來，寫述出來，不必要結構爲小說，弄成傳奇，僅是但憑記憶，了解所及，平舖直述的陳說，就最生動感人。舉一個例，如車之林的「蓬島憶悲厂」（「暢流」七卷三期），可見此三十年前的藝林怪傑王悲厂，正與那詩人徐玉諾，是無獨有偶的。——吳宓曾說，一個人，一生之中應寫一部小說，把他對於人生客觀的經歷加以敘述；又應寫一部詩集，把它人生主觀的感受，加以敘述。這意見值得併記於此。

第十、我們應該提倡寫自傳，寫回憶錄的風氣。人生四十不惑之後，都要把這件事當作大事來做。只要能寫作的，就當寫作。你覺得三兩千字的短篇，就足以敘述了，那你也不必一定強要自己拖長下去；但如其非要十萬二十萬字不足以敘述，那又何必吝惜這份筆墨？一個人活在世上，除了奮鬥有方，盡力而爲，服務社會而外，還當及時有所反省，把自己的閱歷向下交代，這樣，人生斯無遺憾。

風雲人物之撰寫回憶錄，在西方國家，那是已成爲一種習慣了。在中國，則近些年來也有人如此作法。過去，我們中國人多半是喜歡寫日記的，如清代曾國藩，李慈銘（越縵堂），石達開、翁同龢、王闓運（湘綺樓）的日記。這像是一本流水帳，並未經過整理過戶；而且下筆時如已存心要爲人知，那可能有寫得不直率的地方。就談人物傳記的題旨來說，我是比較看重回憶錄的。如果把日記併同回憶錄發表，那自然是最好不過了。我何以看重回憶錄呢？那因爲這是一種體系整然的批判和靜觀深入的思考活動之故，且是事事有其論斷的。我相信，凡有寫作興趣和寫作習慣以及善於安排工作時間的人，那是不管怎樣事務紛繁，心思難得閒散，他總能從容不迫的寫回憶錄。即令除此情形之外，大人先生們每天總不能說抽不出半點鐘的閒暇？甚至在就餐，午茶，晚間小飲或飯後休息時間，自己口述，請別人來筆錄整理，這總是可以行的罷。如果每位當代人物都能寫下回憶錄，那所產生的益效，是述說不盡的。可得說做就做啊，拖延等待不得，這不比旁的事，我不做自有他人做，這是除自己動手或動口之外，他人無法代勞。

第十一、就蓋棺論定的意義來說，中西禮俗上，有一個顯然不同的分野，值得於此提提。在中國，凡屬死人就都成爲「完人」，弔唁祭輓的文詞，無不舖張陳述以盡哀思，一篇行狀把死者誇張得上天入地，沒有人味兒。在西洋呢，無論教堂追思，還是在送殯下土的悼念演說，必將死者的爲人作事平實講述一番，引起大家默默哀念中的同情，不像我們熱鬧出喪，還要酒食徵逐。至於中國人把出喪當作「白喜事」來辦，卻是未可厚非的，那牽涉到民間通俗觀念的問題，應該另行論列。

這裏，王新命先生的意見，必須加以徵引。他在「評論學」一書，論報紙上「哀悼死亡」的這一事態說：

「我們中國人的哀悼文字，近於評論；歐人的哀悼文字，則近於傳記，見仁見智，可能發生極大的差異；應褒應貶，亦大半因人而異其主張，這是很大的毛病。歐人傳記式的哀悼文字，則比較的接近客觀事實，沒有閉著眼睛瞎恭維的流弊。我以爲今後哀悼文字，還是注重死者經歷，少說一點廢話爲妙；最好是能摘述其重要經歷，再添上幾句哀悼的文字，用誌哀思。而在摘述其經歷之際，又以不曲筆以掩飾死者的過失爲最合理。因爲凡是一個人，不論其爲上智或下愚，都不能無過，只要這人不怙惡，則雖有一二小過，亦終不能掩其若干大功大德。……」（中國新聞函授學校，民國四十三年版。）

第十二、我還要不嫌嚕嗦的就做人問題上來談人物傳記的重要性。不過，我要聲明，所謂做人問題，不是指那人情世故，八面玲瓏，多方肆應的做人，那是我們今天所不取的！我所要說的做人問題，是在修已安人的抱負與態度，是在日常生活的情趣與修養，是在精神意志的持守與鍛鍊……只有多讀前人傳記。一個人尚法前賢，自能多有領悟，知所抉擇，守正不阿，惟善是從。總之，一定要以人物傳記的閱讀，作爲人格教育的主要手段。這在前面，已經是一再論到了，而不能不一再反覆言之。

第十三、最後，我們說說有兩個人在人物傳記寫作上的努力。

羅曼羅蘭一生的文學活動，其主要成就的另一方面，是三大「英雄傳記」的寫作：「貝多芬傳」，「米開蘭基羅傳」，「托爾斯太傳」。他說：

『當今之世，英雄主義之光威復熾，英雄崇拜亦復與之俱盛。惟此光威有時能釀巨災，故最要莫如將「英雄」二字下一確切之界說。夫吾人所處之時代，乃一切民衆遭受磨練與戰鬥之時代也；爲驕傲爲榮譽而成爲偉大，未足也；必常爲公衆服務而成爲偉大。最偉大之領袖，必爲一民族乃至全人類之忠僕。昔之孫逸仙，今之甘地，皆是也。至凡天才不表於行動而發爲思想與藝術者，則貝多芬，托爾斯太是已。』

所以，他找到了這三人，音樂家，雕塑家，文豪來立傳。

上述，是大家所熟知的事；下面，要提提僅屬我個人最有印象的一件事。

抗戰時期，長安、軍校圖書館主任張云周，對於漢唐，尤其唐代的許多文物遺蹟，時生思古之幽情。一次，偶然在一本刊物上讀到關乎唐太宗的記載，引起他想寫唐太宗傳的興趣。在長安，關乎唐代古蹟和民間傳說，尤其是唐詩中所描述的人事、景物，那是非常容易就地得到印證的。加之，他住在王曲鄉下，那正是出門見南山，蒼翠日在眼，心神常在激情感念裏。這位張先生找到了一部「貞觀政要」，憑了這一部書，他就把唐太宗當日言行生活，得到一個了解了。他所主持的圖書館，藏書並不太多；城內西京圖書館雖有豐富的典藏，但以避免空襲，書籍疏散到鄉下去了，市上幾家書店，出賣的是戰前出版物，他難能照他所寫的參考書目，去盡量蒐集。就在這樣的限制之下，他寫出了十萬字的「唐太宗傳」，其體例，章法，取材，論證，都臻上乘。那時，陝西省興國中學所藏「圖書集成」和另外一些叢書已開箱陳列；一次，我特地偕同他上登神禾原，下涉樊川，經杜曲，到興國中學去借書。一路上，他談起寫作情況，說是連日夢見唐太宗穿了大龍袍，他自己則彷彿是魏徵，君臣相對，商討國事，長談不倦；談話之間，他應答如流，所說的話，都是「貞觀政要」裏的文辭。他說，自己雖不信什麼神鬼之事的，精神上卻究竟有種感應，他決定停筆幾天再寫。當時，我著實贊美，鼓勵他，這樣寤寐不忘的寫作，「唐太宗傳」，一定是成功的。——事實上，寫人物傳記和寫長篇小說戲劇，作者跟筆下的主人翁，那是常有夢魂相通的情況的。

說起來，這位先生，一來不是常寫文章的人，二來從前讀書不太多，三來他也並非學文史的，不過因為一點興趣的慫恿，火頭燃起，越燒越大，一直持續下力，花了三、四年的工夫，使這個寫作有其成就。當時，衛聚賢先生曾準備刊印，使成為說文社的傳記叢書之一。張先生打算下一步寫「漢武帝傳」，且決定以人物傳記寫作為其畢生職志。

就羅曼羅蘭與張云周兩人比較，顯然的，前者本身條件最見優越，而其所要傳述的人物，時代上又接近一些：後者呢，工作專心致志，情境感應深刻，其作為也未可輕視。比擬羅曼羅蘭也好，取法張云周也好，這兩個人在寫作人物傳記的觀點，方法與作為上，值得我們加以重視。後來居上，宇宙定律，此後希望讀到國人所寫的傳記，質高量多，教讀者大大的過癮！

以上所寫出的這些淺見，也許是多餘的，也許是可有提供參考之處。我想，我們的國史館以及黨史編纂委員會，在這方面，應已作了不少；而比之我所探討到的地方，一定是要見實際和深入。這裏，我不必再嘮叨下去了。

想不到的乃是，這篇文字，實在寫得太長了。

連載民國四十三年七、八月「晨光」二卷六、七期

李儀祉自傳的風格

前些時，在陽明山圖書館，讀到李儀祉的自傳，其坦率平實的風格，使我念念不忘。

我向來愛讀傳記和遊記，尤其是自傳。不過，凡有自傳成書公之於世的，其主人公必然已功成名就，寫來多有「隱惡揚善」之嫌，這自是理所當然，賢者亦所不免。若如盧騷懺悔錄那樣，但求任性發洩盡致，使自己胸無點塵，果然是最赤裸裸的了，後人很有效法他的。只是盧騷這種浪漫的自我表現，對於一般讀者來說，究竟其影響如何？就值得我們檢討了。

曾國藩最有「湖南騾子」的狠處，常以「打落牙齒和血呑」的堅忍來立身處世，當其處於清代官庭嫉賢害能，政府用人有其滿漢界限，而湘軍初起，需要就地籌糧籌餉的情況，他不知有多少苦痛深藏內心。正是「打一棒子，不哼一聲」的血汗內流；其人生態度之所以多有收斂，實因於此。近人李少陵先生所寫的「曾國藩」，就把他這一生所受的磨練，都給我們道說出來，而假如是曾國藩自傳，作此敘述，那我們所得的印象，就又另是一個樣了。

李儀祉自傳之所以值得稱道，可說是由於存著上述情形的比較。但當我欣讀之際，是一點也沒有想到這種比較的，這只是此刻寫讀後感纔觸引起的推論。

這篇自傳，收入中華叢書的「李儀祉全集」。李氏一生盡瘁於我國水利事業的建設。他學問精微，治事勤懇，最爲深刻的體認民間疾苦，在這集子每一頁的字裏行間，都可看得出來。所以，這個集子，是爲政者、工程界、習農者的最好讀物；對於那本行人，不用說，應是本必讀書。

我所要置評的，只是其自傳。我以爲這是我國傳記文學，以及近代史的編述上，須要特加重視的典範與歷史資料。

作者寫自傳，當然是有意爲之的，但其遣詞造句，卻都是無意出之於筆下，因而寫來非常的自然平易——就現代中國白話文的發展來說，這種境界的到達，並不是簡單的事。前些時我曾寫「五四談文並述歷史進程的小小事例」，略加論證。

其絕大部份的寫述，即李儀祉出國留學之前，作者純粹用關中口語來表現於文。好似對家人父子，親戚鄉黨，夏夜乘涼，娓娓清談一樣。由於我在長安鄉下一住八年，很是欣賞關中農民語言的腔調與用字，對於這樣樸素風格謠俗所襯託，讀得舒貼極了。且連帶的想到，作者寫此文，也必十分舒貼。他不必有所矜持，不用有所隱諱。想說什麼，就說什麼；要怎樣寫法，就怎樣寫法。

像是清末農村社會的窮困、卑微、飢餓、無知，作者既有老老實實的經歷，也就有老老實實的寫述。更有不少使我們感嘆、警惕的地處，像災荒、瘟疫、社會惡勢力之損害農村，皆在李氏的早年生活裏，留下不可磨滅的痕跡，而這也是一個深刻有力的因素，促使他獻身水利，爲民服務。

李儀祉全集其他篇章，都用簡潔文言寫述，多爲科學應用的性質。就文學的欣賞看來，自不及這篇傳記的平白、懇切，純厚可喜。我很以爲，長者這種筆法，是給我們年輕人在爲人和爲文上，留下極好的示範。不避村言俚語，而文品並不庸俗；儘管信筆直書，而結構並不散漫。

李儀祉的白話文，純然出之於口語，但不太搬弄一些必須註解始易爲外鄉人所曉的方言土語。因爲純出之於口語，所以纔不是：

「五四」初期文言翻譯而成的白話。

歐化句法的白話。

所謂新文藝體的白話文。

文言白話的夾雜。

李氏寫述自傳的文筆，在寫作動機上，自是有意爲之；而在寫作技術上，卻是無意出之。這論斷，主要是由於作者極少寫這類文字，而更有著下列情況的比較。

可能還是抗戰以前罷，我在北方外縣的司法機構，看到一些口供筆錄，因須存眞，用不著修飾文辭之故，給我們留下了最有樸素之美的白話文，述說者，筆錄者，皆無意爲之，也無意出之於筆下的。這，即使在今天，我們如若紀錄一件不太簡單的訴訟案，少使用文言和術語，也仍然可以達到這樣境界；而爲我們許多從事寫作的人，刻意求之而不可得。

又有夏夜宣講「善書」，是往年社會教育最受老百姓歡迎的一件事，爲了要獲得一般人的易知易曉，這種書本的編述，也是使用口語體的白話文，不作與有文縐縐的句子。

總之，李儀祉的這篇自傳，在白話文的風格上，實爲不可多得的範型。

載民國四十六年十一月「筆匯」十六期

李儀祉的白話文

這些年來，我們寫白話文，走錯了幾條歪斜的路子，或是承襲於文言文，或是趕時髦弄成「文藝」句子，或是「歐化」式，或是文白夾生的社論體，或是完完全全的我手寫我口。曾有某位先生提出一個簡單的意見：我們口裡說的字眼，全是白話；照白話語法，平順的寫下來，稍加修辭，就成爲白話文。可惜我記不起這位先生是誰了。希望他對於這個問題，進一步的討論。

七年前，閱過「李儀祉全集」，很是喜愛。最近，再次閱讀。這是一部研究考察我國水利極有份量的大書。以下所抄下的，是「著者」不經意寫出的白話文。他自傳的兩小段：

我第一天進學房，一個字也莫認，一句書也莫唸，趕吃飯的時候，學生都回去了，我也要去吃飯。伯父說，臣兒來！我問什麼事？他問，你吃過麻糖板子莫有？我說，莫有！伯父說，你要吃不要吃？我說，要吃！伯父說，要吃，張開手。我便張開手。伯父便輕輕打了我一板子，問，還吃不吃？我說，還吃，便加重些再打了一下，問，還吃不吃？我說，還吃。

便更加重些再打了一下，問，還要吃嗎？我哭著說，不要吃了。你說這頓打，寃枉不寃枉。

夏秋以後，天氣旱乾的很，我們那個窮苦地方，最苦的就是水不方便。黃土層高原，都是這個樣子。水井深至三十丈到五十丈餘，水還不見旺，我們村中，統共只有兩眼井，平時都是用缸貯雨水。還有鄰村地方，索性打不出水井的。天一旱乾，用的且不用問，喝的先短缺了。這一年有個老婦人，費了多少氣力，從洛水裡打上一罐水來。他雖然住在洛河旁邊，可是二三十丈的河溝，教他爬下去，又爬上來，可也夠受的了。剛上了岸，放下罐子歇一歇，就遇見路上過來一莽撞生客，呻吟著說：老太太我渴的喉嚨裡冒起火來了，給我喝一口！老婦人說：這是我預備做飯的。客人不管三七二十一，搶過來一口氣喝得滴點不留，放下罐子，揚長而去。老婦人這一氣，想了想，何必活著，翻身跳入河中死了。當地鄉約，撈上屍首，呈報縣官，官來驗屍，莫茶莫水，官怒罵鄉約，爲什麼連點心不預備？鄉約見責，急忙給官端上來一盤乾炒豌豆。官更怒，這不是把我當驢嗎？鄉約回道，大老爺息怒！本地缺水，雖有米麵，不能成飯，官拍案而起，急速催轎進城，屍也不驗了。

李氏，陝西蒲城人。他幼時，約當清光緒十幾年間。上兩段文字，有幾點特色：

*1.*是我手寫我口的白話文，據口語，修辭而成文。

2.句子短。

3.鄉土的字眼，像「莫」。

4.口頭詞彙，自自然然的隨文引用，而不必特別加什麼註解，像「水還不見旺」的「旺」字。

5.文字乾淨利落。

6.第一段「我說，他問」，在文裏，自嫌嚕囌，要按對話加括弧另起一行的寫記形式，就好了。

7.夾用了一個文言詞彙「揚長而去」，那投河而死的老婦人，是不懂得的。這兒，我揷上一句閒話，那莽漢要不是「揚長而去」，這老婦人必不會尋短見。

8.對女性的第三人稱，不用「伊」字，也不用「她」字。這恰合乎近來「中國語文」月刊好幾位先生的意見，何必寫這樣累贅字句：「男生也有，女生也有，他她們都要來。」他她連寫，似彎有意思，但如果電臺廣播，他她讀音並不能有分別，唸出來就不像話了。

總之，讀這位水利大師的白話文，我恍如在長安鄉下，聽鄉黨們談天，而有些文氣，不純然是粗俗的野話。

載民國五十二年五月十三日「新生報」副刊

為歷史作見證——抗戰文學精選

國殤——兵、佚、義民忠烈錄

——兼述國民革命軍北伐六十年來的痛切聞見感思

清、王文韶主修「續雲南通志稿」，洋洋大觀，一九四卷，光緒二十四年刊。今，臺北文海出版社影印本，縮爲三十二開，每册約三公分厚，也還有十四册之多。連目錄共一一三四六頁。它以卷一一五至卷一三八的鉅大篇章，記載了「制兵名氏表」、「民兵名氏表」，自六三四九頁至八七一四頁（影印本的九、十、十一册），佔全書內容四分之一強。記乾隆以迄道光間陣亡、殉難、病瘴而死之制兵一六八八一人，咸豐至同治間陣亡、殉難、病瘴而死之民兵一二七六五四人。這十四萬四千五百三十五人，皆一一記其名氏。試舉其首尾幾人：

乾隆三十一年陣亡緬甸的制兵胡勳、沈廷揚，同治七年陣亡的民兵黑白琅三鹽井人氏施阿順、施本生、段吉龍。

眞難得當時的地方官署，居然會保存了這種檔卷資料。也獨見此南天遠省修志者之仁心。

一將成功萬骨枯，爲將者，史書必表彰其事蹟。兵卒蟻集，焉能一一列其名姓？

又，正編的「雲南通志」，清、岑毓英、王文韶纂修，二百四十六卷，光緒二十年刊本。附「忠義錄」三十二卷，「忠義備考」一卷，「列女錄」八卷。如此册卷結構，大可見出其時此古滇山國男女忠烈勇壯史蹟之一斑。

清、陳其元「庸閒齋筆記」卷十「不知姓名之忠義士」條，所以對太平天國之役，衆多死難軍民湮沒無聞，史事抹煞不傳，特致士君子無上哀感、敬悼之忱。

一如現代的「北伐戰史」，一百五十餘萬言，民國五十六年十月，國防部史政局編行，述民國十三年以迄十七年諸戰役。書末另以楷體字特錄「國民革命軍北伐陣亡將士題名錄」，用表肅敬。是按部隊區分，官兵職級來排列。凡慘烈戰鬥，但從此史册亡者姓名的密集，即可不難見出。如民國十五年七月至十一月江西南昌戰役，第二、五、六、七、九師，都有不少官兵陣亡。以第七師犧牲最大，連長即陣亡二十三人。上等兵死者八四四人。茲錄其首尾幾人名氏：白達子、賈斗、李漢臣、潘遠章、左子良。是則排長、一等兵、二等兵之陣亡者。其比例之多，極易推算而得。

若如八年對日抗戰死難軍民的衆多、慘烈，歷史空前。深深教人感喟無已者，戰局移轉多變，加之三十八年大陸沉淪，難得有完整檔卷存乎世間。執干戈，衛祖國，勇士臨陣，何嘗顧念到這些？「君子疾沒世而名不稱焉」，是那飽讀詩書的士大夫，方才計較。老總們的信念，乃爲「怕死的是懦種」，誰也不會想到什麼「人死留名，豹死留皮」的。

三軍易得，一將難求。威風八面的將帥，必名標青史。至於那衆多衆多的部屬，史册焉能一一記載其名氏？國史也罷，別史、筆記、方志也罷，都極難做到這種地步。

只因偶讀雲南通志，又無獨有偶，見到下述韓戰陣亡美軍三七九三六人名單，送國會圖書館庋藏的新聞報導；今適當我八年抗戰勝利四十周年，而引起壽堂這番議論。

既然提到基層的兵卒，何以還要論到伕子、義民之臨陣成仁，要當一體敬奉爲國殤？如今國軍逐級有史政機構，又有參一人事行政，作業完備極了。每一個屬於三軍編制的官兵，無不有其人事資料，平日服勤、升遷獎懲、事功、戰績以及入學受訓並眷屬情形的記載。

伕子、義民的情形，乃緣軍隊自平時之轉變爲戰時。但有戰爭發生，軍隊的補給、運輸，陸軍各級部隊的行動，要找當地人士做嚮導，這等等事都得就地徵集人伕、騾馬、舟、車來服役。這種種情況，非目前臺灣公路之四通八達，所能想像。就拿臺灣說，如進行山地戰，對於地形、地物的了解及利用，縱使再詳明的軍用地圖，也總難比一個當地人士的嚮導，來得深悉實況，可善備諮詢。敵前軍行百里，總得有上十個嚮導方能爲功，因每人所確切熟悉的地境（要求他能知悉其種種切切），不過方圓一二十里而已。

四十年前，兵諺有云：「兵不兵，三十斤。」每個步兵身上負重，至少是這樣。若遇日程百餘里的強行軍，一旦到達地頭，他那還能有充沛的戰鬥精力？昔日有經驗的部隊長，當戰鬥行軍之際，所以莫不盡量向上級、向地方的縣、鄉鎮、村鄰里，幾乎是無限制的要求配給民伕——它不像兵卒，要按編制給與糧餉。

兵伕的功能，約言之：

(1)爲部隊挑負輜重、武器、彈藥，隨同進退。

(2)挑運部隊長個人的用品以及要飽入私囊的戰利品。

(3)假如一個班，能夾帶著三四個民伕，挑運全班人員的被服、過量的彈藥，則可儲備列兵精力，無形中增加了戰力。

(4)若戰鬥激烈，傷亡過大，民伕可立即補充上來。他雖未受過軍事訓練，但已具備足夠的膽識，夠資格成爲在敵前炮火催生的新兵。

(5)戰鬥勝利，清掃戰場，可爲部隊即時取得鹵獲物，負載行進。

(6)另一種「妙用」。民伕向部隊長或看管的士兵行賄，可得到離去的機會。以及許多類此的妙用。讓人混水摸魚，得油水，撈錢財。

舟、車、騾馬的徵用，可如此類推。而油水更大。羊毛出在羊身上，所苦者老百姓。還有，辦理軍隊的徵用，地方上有支應人員，他雖口說煩苦，心實樂意淌這渾水。

民國二十二年長城抗日之役，四月間，我下達部隊到三十二軍一三九師七一五團，爲團政治訓練員。軍長商震，師長黃光華，團長林作楨。時，長城各口戰役，這年元旦，東自山海關打起，西至冷口、喜峰口、馬蘭峪口、古北口，四個多月，前後都有激戰。以喜峰口二十九軍宋哲元部，古北口十七軍徐庭瑤部打得最好最慘烈，使日、僞軍隊爲之膽寒，隨即有五月三十一日的塘沽停戰協定。

且說，我們一行於四月十四日到達灤縣，軍的前方指揮所，承商軍長熱忱接待。時冷口戰役結束未久，前方部隊正在調動，我們給留在唐山好幾天。各軍都退到灤河之線，不激烈的戰鬥，仍時有傷兵來到。二十二日，我下達到七一五團。三十二軍是擔任冷口的防禦。

據當時所見七一五團第一營楊春芳營附陣中日記（我留下抄本，存於寫作檔卷，竟然保存到五十多年之後的今天），商震時爲總指揮，指揮七個步兵師（他編制內的一三九、一四一、一四二師，另配屬了四個步兵師），一個騎兵師，擁塞於冷口之內。按說，一個師的兵力，即足以擔當，如此龐大且半屬臨時配屬的部隊，在這有限的山隘地帶，太是施展不開了。定有半數部隊無法部署到戰線上去。這是五十多年之後的今天，壽堂就這位小營附陣中日記所述諸事，必要提出的第一點辨識。七一五團是馬道溝戰鬥的主力部隊，全團兵伕二千八百多人，戰鬥後只餘列兵一千五百人。

壽堂深深體認到，這二千八百多人與一千五百人的數字，指證三點事實：

⑴當時部隊徵用民伕之多，幾與部隊列兵成二與一之比。

⑵民伕的死傷、逃亡，至大至大。

(3)七一五團全團軍官佐估計約爲兩百人，不在上述數字之內。

據「中日戰爭史略」（民國五十一年九月國防部史政局編印）第二冊，一五五頁記載，當時長城沿線還有何柱國軍、王以哲軍、于學忠軍團、萬福麟軍團、張作相軍團（都係東北軍）以及蕭之楚軍。大致估計，一軍三師，一師三團，豈非有五十倍於七一五團的兵力，也即是說五十個團。這估計毫不誇張，僅就東北軍說，且不論它的幾個軍，單舉一〇五師劉多荃部，竟有十個步兵團，還另有師直屬部隊，如高射砲團等等。又另有兩個騎兵師，兩個砲兵旅。

準此推算，從民國二十一年秋冬，直到這幾十萬大軍退守於北平外圍的次年五月爲止，我們所徵用的民伕（旅以上的各級司令部，更有種種理由，配給不會少於團級部隊的民伕），何止五萬人，其陣亡者不會低於士兵五分之一罷。也即是說，冀東人民之爲軍隊民伕者，可能有一萬人陣亡，跟浴血奮戰的忠勇官兵同爲國殤。未受國家一絲俸祿，連隊的花名冊上，他半個姓名也沒有。

又，這幾十萬大軍所徵集的民伕，不僅只是冀東地區，必然也還有其他省份的。當時各軍師，必有原駐山東、河南、江蘇、湖北，沿著平漢、隴海、津浦、北寧路的鐵道運輸而來。拿三十二軍說，他本是久駐山西的。離開山西後，進入河北，定駐順德府一帶。其調赴長城戰區，且賦予主戰鬥任務，出發之際，焉有不急於星火，就地徵發的？況軍官佐大都籍隸河北。

還有戰鬥地帶並鄰近地區，受到災殃、空襲、砲火而死的中國老百姓。假如平均每個太村莊有一兩位犧牲者，則冀東到京北二三十個州縣，總計起來又是多少人民的傷亡？

總之，軍隊作戰，死敵者不僅只是軍人，還有隨軍徵用的民伕；樂於助戰，為諸多戰地服務，以及敵我激戰而遭難的人民。但凡死於國事，誰能說他不是令全國軍民、後代子孫當要一體尊敬的國殤。這萬萬千千的勇士，從何而得其名姓呢？

民國六十七年十一月廿八日「大華晚報」，一則衆人不太注意的報導——「韓戰陣亡美軍名單，送國會圖書館庋藏」：美聯社華盛頓二十七日電，「一份在韓戰中陣亡的三萬七千九百三十六名美軍和聯合國軍的名單，已在今天送交給國會圖書館。提出這份名單的機構說，總共花了二十年的時間才編好它。據聯合國韓戰盟軍協會說，這是第一份韓戰中陣亡的盟軍將士的完整名單。這份長達二十三冊的名單，共列出三萬三千八百七十名陣亡的美軍將士名單。在國會圖書館舉行的儀式裏，協會主席凱鐘奇將這些名冊交給美國代表韓戰老兵默菲。默菲然後再轉交給圖書館職員。默菲說，這項工作是從一九五八年（即韓戰停戰協定簽署後第五年）開始。由於美軍的死傷人數，都無一個總名單可查，因此工作費時甚久。名單並未列出，在韓戰中陣亡的二十三萬七千六百二十二位韓國軍人的名字。」

美國軍人的人事管理，其資料記載之詳盡、確切，應是可以想到的。這三萬多陣亡者名單的纂錄，居然也花了二十年功夫。

董熙「懷清泉將軍，憶徐蚌會戰」，是一篇大見義理、兵略，文情並茂的好文章，也是刊在報上不顯眼的地方。有一段說：「徐蚌之戰，國軍官兵捐軀者約有八萬人左右，而今登列史册者，爲數不足百人。蓋當時部隊覆沒，册籍散失，政府播臺，無法稽考，白骨相望，弔祭不至，悲夫！」（載民國六十八年一月十日「大華晚報」淡水河副刊）

抗戰勝利，以迄三十八年，五年歲月，戡亂軍事逆轉，全國正規軍、民軍以及老百姓之陣亡死難者，怕不百倍於徐蚌陣亡勇者之數。何有千百之一能名列史册？壯士決死溝壑，當其捨生赴義，俄頃之間，何嘗顧念這些？

問題且回過頭來。

不說兵、伕、義民之爲國殤。試問，自從東征、北伐起始，直到三十八年，這二十五載歲月，凡我陸軍團長的姓名錄，現在可有完全記載？又，歷任國軍第一師師長，十八軍軍長的姓名以及歷任第一師師長，十八軍軍長的姓名以及歷任第一師第一團團長的姓名，如今國家檔案，能有不缺失的記載麼？「鐵打的營盤，流水的兵」，這二十五年，那校尉官、士官、兵卒，何止五千萬中國好兒女，其題名錄更絕無可能辦到。

壽堂寫述此文，只是希望，且深深認爲今日一切軍政設施，應可確爲保證，此後，凡屬將、校、尉、士官、兵卒、民伕、義民以及軍中聘雇、特約並擔任軍中榮譽職的人員，其爲國殤者，國家理應使其名垂千古，永受後世禮敬，方爲春秋歷史公道精神之發揚。

謹向中華民國時代億萬無名英雄，表示我們後死者的感恩、懷念之忱。

民六八、一、十一、初稿；七四、七、廿二寫定。

載民國七十四年八月二日臺北「中華日報」副刊

少年日記寫作

民國三十四年八月十日

……午睡之後，出席本部教務會議。會散，聚餐川湘，爲勝利消息的來臨，衆人大飲酒。劉明宣老先生，最感動。回家，引孩子在晚風中乘涼，想胡先生訓詞大要。寫信予珍、景湖、張中會。後一信是請他以地理觀點釋說「長安自古西風雨」一諺。

八月十一日

是我平生最可紀念的一個日子，也是全中國人所讚美感歎的。早上，五點鐘，村裏響起鑼來，我驚醒了，心想，莫非是日本投降了罷。趕著起來，母親給了我一張條子，是部裏昨日半夜送來的，說校部決定今晨八時舉行軍民慶祝大會，要早臨云云。這一來，孩子們也都一早起牀，青說，好教他們一生中能記得這件事。我著了裝，穿上馬靴。走下去，南轅門已掛了一條紅布，白紙寫的是「慶祝抗戰勝利」。趕到部裏，與德熊、崑玉見面，一切佈置都早已安排好了。王主任怕我勞累，沒叫我來趕夜工，這體貼令人可感，快樂的領味卻遲些了。

昨夜、王曲、西安整晚的騰歡。美國官兵也多半進城了……。

說明

1. 發表這兩段，是應「幼獅少年」主編的要求。

2. 這年日記，用白報紙切裁，打眼、活頁，如英文練習簿大小，所以橫行寫。全年使用了三七二面。平均每天一面。每面約寫兩百字。從文字結構上看，我寫日記，自由自在，十分率性。我想，凡寫日記已成習慣的人，應該都是這樣。戰時物資可缺，白報紙好稀罕，比現在最上等的印書紙還要珍貴。那種三十二開，精裝，一年用的標準日記簿，在西北，早已尋購不到了。

3. 其時，我任職中央陸軍軍官學校第七分校政治部訓育科長，那時，全國各軍事學校校長，都是由　蔣公出任。七分校主任胡宗南先生，政治部主任王大中先生。這所分校，抗戰八年裏，先後畢業的學員生約五萬人。校部在陝西長安、王曲鎮的都城隍廟。我家住在王曲東南二里高地的藏駕莊。美國官兵，指的在終南山麓、留村（留村以紀念漢代張良得名）附近，剛開始舉辦訓練基地，調訓國軍幹部學習新武器操作，以及研究中美陸軍併肩作戰的行動。

4. 十日，就已經有日本投降的消息傳開。那幾天，我特別忙。我的長官王主任，可能特別囑咐了傳令兵，半夜送通知來，不教驚醒我。

少年時代，如朝陽初生，雲霞燦爛，鳥語花香，往前邁步而行，可美讚的未來，像黃金一般閃亮。要是從這時候起，就奠定了人生修爲的良好習慣，那是多麼美好哪。

我自從十七歲開始寫日記，一直沒有間斷過。縱使流浪四方、行軍作戰，抗戰中重慶遭日機大轟炸，也沒受到影響。願以五十年的心得，跟少年朋友懇談懇談。

女作家劉枋，我們常笑他在文學創作上爲全能，因爲詩、散文、小說、戲劇以及文學藝術的評論，他都寫得好。但還有一樁事，可能朋友們之間只有我注意到了。那就是，他站在那裏，總像玉樹臨風一樣挺立，坐的姿勢端端正正，不像有些人懶洋洋的，這都因爲太舒服的沙發、柔軟座墊害了咱們哪。原來，他自幼受到的家庭教育：站有站相、坐有坐相。他是從小就養成了良好的習慣。

習慣爲第二天性，一經少小養成，它必終老其身。爲何有人寫日記一曝十寒？那是由於未使之成爲我自身生活習慣之故。何以有的少年朋友，甚至青年作家也會感到寫日記不無困難？這是因爲觀念上有問題，而又未把握到適當方法。

首先，不必把這件事看得太嚴重，務要十分輕鬆的來做。好像我們寫毛筆字，練自行車，學游泳一樣。不要以爲它困難，不要怕做錯了。要把寫日記這件事，看做是我們生活中的一種愛好。凡事達到了愛好的程度，就特別有興趣，興趣既是機械的推動力，也是滑潤油，使我們工作效率特別高，做起來好像是毫不用力似的。譬如，跟好朋友寫信，不是毫無困難嗎？不像有些同學在課堂上作文，好難湊上六七百字呀。對了，要把寫日記看做第二個自我，寫日記是自己跟自己談心。這樣，不是每天都有好多話要說嗎？

暫且不必說，持續不斷的寫日記，是對於一個人德性修爲的考驗，「有恒爲成功之本」，人而無恒，萬事不能。只要一開始了，越來越有興趣了，它自然就成爲日常生活中的習慣。像我，這五十年當中，有一天缺記了日記，心裏就老惦記著，不補足它，就總覺得有遺憾。無妨和自己的兄弟姊妹，或者最要好的同學、朋友，以五六個人最好，都樂意寫日記，以互助、互勉、互相支援的方式，來一個「群體學習」，三個月爲期，練習著比賽著寫日記，而養成寫日記的良好習慣。三個月之後，則要絕對的獨立作爲，再不必彼此傳觀了。因爲，人總有些事，有些感受，不願讓第二人知道——除非成年戀愛、結婚了。

寫日記，定要率性、親切、誠懇，而且是從從容容下筆。

千萬得是一年用一本的日記簿，才好攜帶、保存。重要的是，這種三十二開的本子，每天一面，最多擠擠麻麻的，也只能寫七八百字，通常三百字左右，日後年深月久，看起來，很爽目。這三百字左右，使我們行文簡潔，把每天重要的事，或是見聞、感想，都可扼要的記述下來。隨便的寫，用不著怎樣遣詞造句，更用不著怎樣結構經營，像作文那麼巧費心思。

我們每天放學回家，在晚餐桌上，不是都喜歡告訴家人，這一天學校裏有趣的事，以及來去路上的見聞。寫日記的方法，就是要像這樣聊天，想說什麼，就說什麼。只要寫上三五天，一個初中學生，自然就感到這樁事，毫無困難，而且很快就把握到寫日記的訣要——自由自在，放手寫去，絕不會感到：唉呀，照例的流水帳，沒話好說呀。那麼，我問你，爲什麼，好同學、好朋友、兄弟姊妹之間，天天見面，天天有說不完的話呢？要知這些，也正是日記內容的一大部份呀。

三百字左右，是極重要的一個提示。這樣，只要寫日記已成爲咱們生活中的習慣，不論何時何地，寫起來就非常的輕而易舉，每天最多一刻鐘功夫，就能做得好。

咱們少年人，在課業上，天天有新的知識，開拓了我們的思想，使我們童年的夢，不僅是像長了翅膀，飛翔在天空；重要的是，我們現在好踏實的走在人生的旅程上，一步一步朝前走，正在塑造我自己，訓練我自己。一有這種體認，誰不覺得心潮洶湧，豪氣萬丈哩。

那麼，趕快寫日記罷。不要隨手用個本子。定要是一年一本的。將來檢視起來，才知道這樣做的好處。將來，咱們的成就，不管是科學家、政治家、藝術家、企業家，定會覺得從前的日記，有說不盡的好處在。人越成長，日記越有情味，越有價值。今日事，今日畢，是很要緊的。每晚臨睡前，功課都做完了，那怕臨到考試，也能很快的做這一天最末的一件事，取出我心愛的日記本來，打開它，寫下去——好快樂呀，好舒服呀。假如你意到筆隨，感到自己寫日記很輕便了，也仍然要約束自己：簡潔些，簡潔些。偶而發生了特別事故，或是感受太多，定要在日記上盡情傾吐，那麼，當然不著用壓抑自己，心愛的日記，歡迎咱們一吐爲快。技術上是，挪用他欄用紙，或加頁貼上。這種情況，不要常有。因爲，咱們既然把寫日記這件小事，當做是伴隨自己一生的大事來做，那麼，平衡，細水長流，乃是此事切不可忽視的則律。

國中同學能愛好了這樁事，比之我十七歲的作爲，可就要早好幾年了，豈不太幸運。看一兩場電影的錢，就夠買一本一年用的精美日記簿，定要三十二開，直行的。咱們何樂而不爲，說不定，民國六十八年，出版界會專爲咱們印出少年日記簿來。

載民國六十七年六月「幼獅少年」二十期

附記

直到核閱本文的此刻，民國九十六年八月二日，我還是在持續不斷的寫日記。民八十年秋，一度有定居大陸之議，把迄至民五十七年的全部日記，並半世紀來當代學人，作家三百四十餘人的信札，並相關書册，載滿一車，全贈與了中央研究院近代史研究所。

朱介凡書目

日本的成功與失敗	民國二十八年七月	中央陸軍軍官學校第七分校
人性、黨性、階級性、民族性論	民國四十年六月	改造出版社
另一個戰場的勝利	民國四十二年十二月	中國新聞出版公司
諺話甲編	民國四十六年四月	新興書局
我歌且謠（諺話乙編）	民國四十八年六月	世界書局
臺灣紀遊	民國五十年四月	復興書局
擺江	民國五十年十月	新興書局
聽人勸（諺話丙編）	民國五十年十月	世界書局
中國風土諺語釋說	民國五十一年十二月	新興書局
方言記事示例	民國五十二年六月	志成出版社
五十年來的中國俗文學（與婁子匡合著）	民國五十二年八月	正中書局
中國諺語論	民國五十三年十二月	新興書局

心潮　民國五十四年八月　自由太平洋文化事業公司
泡沫　民國五十六年八月　臺灣商務印書館
雞兒喔喔啼　民國五十六年九月　臺灣書店
大陸文藝世界懷思　民國五十八年五月　臺灣商務印書館
閒話吃的藝術　民國六十一年七月　華欣文化事業中心
中國歌謠論　民國六十三年三月　臺灣中華書局
譬喻諺語集　民國六十三年四月　天一出版社
南風流水　民國六十六年十一月　白雲文化事業有限公司
中國兒歌　民國六十六年十二月　純文學出版社
文史論叢　民國七十年三月　黎明文化事業公司
武昌起義的前導——彭楚藩劉復基楊宏勝傳　民國七十一年十二月，近代中國出版社
朱介凡自選集　民國七十二年四月　黎明文化事業公司
白洋淀雜憶　民國七十二年十二月　臺灣中華書局
中國謠俗論叢　民國七十三年六月　聯經出版公司
俗文學論集　民國七十三年十一月　聯經出版公司
文學評論集　民國七十四年七月　臺灣商務印書館

渤海大隊的弦歌	民國七十五年三月	黎明文化事業有限公司
中國諺語裏的歷史傳說	民國七十六年六月	臺灣省政府新聞處
中華諺語志，本文十册，索引一册	民國七十八年八月	臺灣商務印書館
海天情湧	民國八十三年八月	爾雅出版社
中國民俗學歷史發微	民國八十四年二月	渤海堂文化事業公司
壽堂雜憶	民國八十八年八月	文史哲出版社
百年國變	民國九十三年二月	爾雅出版社
我愛中華	民國九十四年五月	新文豐出版公司
改變中國的一些人與事	民國九十五年十月	爾雅出版社
夢魂心影	民國九十五年十二月	爾雅出版社
秋暉隨筆	民國九十五年十二月	爾雅出版社
文史謠俗論叢	民國九十六年元月	新文豐出版公司
爲佛說諺	民國九十六年元月	新文豐出版公司
白話文跟文學創作	民國九十六年十月	文史哲出版社
文藝生活	民國九十六年十月	文史哲出版社